陈明辉 著

良渚时代的中国与世界

良渚文明丛书
Liangzhu Civilization Series

China and World in
Liangzhu Era

ZHEJIANG UNIVERSITY PRESS
浙江大学出版社

图书在版编目（CIP）数据

良渚时代的中国与世界 / 陈明辉著. — 杭州 ：浙
江大学出版社，2019.7（2024.8重印）
（良渚文明丛书）
ISBN 978-7-308-19190-6

Ⅰ. ①良… Ⅱ. ①陈… Ⅲ. ①世界史—古代史—研究
Ⅳ. ①K12

中国版本图书馆CIP数据核字（2019）第105529号

良渚时代的中国与世界

陈明辉 著

出 品 人	鲁东明
策 划 人	陈丽霞
丛书统筹	徐 婵 卢 川
责任编辑	谢 焕
责任校对	陆雅娟
装帧设计	程 晨
排 版	杭州林智广告有限公司
出版发行	浙江大学出版社
	（杭州市天目山路148号　邮政编码　310007）
	（网址：http://www.zjupress.com）
印 刷	浙江省邮电印刷股份有限公司
开 本	880mm×1230mm　1/32
印 张	11.75
字 数	223千
版 印 次	2019年7月第1版　2024年8月第7次印刷
书 号	ISBN 978-7-308-19190-6
定 价	78.00元

总序   Preface

良渚与中华五千年文明

刘 斌

　　时间与空间真是奇妙的组合，当我们仰望星空，看到浩瀚的宇宙，那些一闪一闪的星星，仿佛恒久不变地镶嵌在天幕中。然而，现代科学告诉我们，光年是距离单位，宇宙深处星星点点射向我们的光线，来自遥远的过去。原来，时空的穿越，不过是俯仰之间。

　　考古，同样是这种俯仰之间的学问，由我们亲手开启的时光之门，将我们带回人类历史中每一个不同的瞬间。而距今 5000 年，就是一个特殊的时间点。

　　放眼世界，5000 年前是个文明诞生的大时代。世界上的几大流域，不约而同地孕育出早期文明，比如尼罗河流域的古埃及文明、两河流域的苏美尔文明、印度河流域的哈拉帕文明。那么，5000 年前的中华文明在哪里？这个问题困扰学界甚久。按照国际上通行的文明标准，城市、文字、青铜器……我们逐一比对，中国的古代文明似乎到出现了甲骨文的商代为止，便再难往前追溯了。

　　考古学上，我们把文字之前的历史称为"史前"。在中国的史前时代，距今1万年以来，在辽阔版图的不同地理单元中，就开始演绎出各具特色的文化序列。考古学上形象地称之为"满天星斗"。然而，中国的史前时代长久以来被低估了。一直以来，我们都是以夏商为文明探源的出发点，以黄河文明作为中华文明的核心，无形中降低了周围地区那些高规格遗迹遗物的历史地位，比如辽西的红山文化、江汉地区的石家河文化、太湖流域的良渚文化、晋南的陶寺文化、陕北的石峁遗址……随着探源脚步的迈进，我们才渐渐发现，"满天星斗"的文化中，有一些已然闪现出文明的火花。"良渚"就是其中一个特殊的个案。

　　大约在5300年前的长江下游地区，突然出现了一个尚玉的考古学文化——良渚文化。尽管在它之前，玉器就已广受尊崇，但在此时却达到空前的繁荣。与以往人们喜爱的装饰玉器不同，良渚人的玉器可不仅仅是美观的需要。这些玉器以玉琮为代表，并与钺、璜、璧、冠状饰、三叉形器、牌饰、锥形器、管等组成了玉礼器系统，或象征身份，或象征权力，或象征财富。那些至高无上的人被埋葬在土筑的高台上，配享的玉器种类一应俱全，显示出死者生前无限的尊贵。礼玉上常见刻绘有"神徽"形象，用以表达良渚人的统一信仰。这些玉器的拥有者是良渚的统治阶级，他们相信自己是神的化身，行使着神的旨意，随葬的玉器种类和数量显示出他们不同的等级和职责范围。我们在杭州余杭的反山、瑶山，常州武进的寺墩，江阴的高城墩，上海的福泉山等遗址中，都发现了极高等级的墓群。这就似乎将良渚文化的分布范围分割成不同的统治中心，呈现出小邦林立的局面。然而，历史偏偏给了余杭一个机会，在反山遗址的周围，越来越多的良渚文化遗址被发现，这种集中分布的遗址群落受到了良好的保护，使得考古工作得以在这片土地上稳步开展。到今天再来回望，这为良渚文明的确立提供了必要的前提。否则，谁会想到零星发现的遗址点，竟然是良渚古城这一王国之都的不同组成部分。

今天，在我们眼前所呈现的，是一个有 8 个故宫那么大的良渚古城（6.3 平方公里）。它有皇城、内城、外城三重结构，有宫殿与王陵，有城墙与护城河，有城内的水路交通体系，有城外的水利系统，作为国都，其规格已绰绰有余。除了文字和青铜器，良渚文化在各个方面均已达到国家文明的要求。其实，只要打开思路，我们会发现，通行的文明标准不应成为判断一个文化是否进入文明社会的生硬公式。青铜器在文明社会中承载的礼制规范的意义，在良渚文化中是体现在玉器上的。文字是记录语言、传承思想文化的工具，在良渚文化中，虽然尚未发现文字系统，但那些镌刻在玉礼器上的标识，也极大程度地统一着人们的思想，而大型建筑工事所反映出的良渚社会超强的组织管理能力，也透露出当时一定存在着某种与文字相当的信息传递方式。因此，良渚古城的发现，使良渚文明的确立一锤定音。

如今，良渚考古已经走过了 80 多个年头。从 1936 年施昕更先生第一次发现良渚的黑皮陶和石质工具开始，到今天我们将其定义成中国古代第一个进入早期国家的区域文明；从 1959 年夏鼐先生提出"良渚文化"的命名，学界逐渐开始了解这一文化的种种个性特点，到今天我们对良渚文明进行多领域、全方位的考古学研究与阐释，良渚的国家形态愈发丰满起来。这一系列丛书，主要是由浙江省文物考古研究所致力于良渚考古的中青年学者，围绕近年来杭州市余杭区瓶窑镇良渚古城遗址的考古发现与研究，集体编纂而成，内含极其庞大的信息量。其中，包含有公众希望了解的良渚古城遗址的方方面面、良渚考古的历程、良渚时期古环境与动植物信息、代表了良渚文明最高等级墓地的反山王陵、为人们津津乐道的良渚高等级玉器、供应日常所需林林总总的良渚陶器……还有专门将良渚置于世界文明古国之林的中外文明比对，以及从媒体人角度看待良渚的妙趣横生的系列报道汇编。相信这套丛书会激起读者对良渚文明的兴趣，从而启发更多的人探索我们的历史。

可能很多人不禁要问：良渚文明和中华文明是什么样的关系？因为在近现代历史的观念里，我们是华夏儿女，我们不知道有一个"良渚"。其实，这不难理解。我们观念里的文明，是夏商以降、周秦汉唐传续至今的，在黄河流域建立政权的国家文明，是大一统的中华文明。考古学界启动"中华文明探源工程"，为的就是了解最初的文明是怎样的形态。因此，我们不该对最初的文明社会有过多的预设。在距今5000年的节点上，我们发现了良渚文明是一种区域性的文明。由此推及其他的区域，辽西可能存在红山文明，长江中游可能存在石家河文明，只是因为考古发现的局限，我们还不能确定这些文明形态是否真实。良渚文明在距今4300年后渐渐没落了，但文明的因素却随着良渚玉器得到了有序的传承，影响力遍及九州。由此可见，区域性的文明实际上有全局性的影响力。

人类的迁徙、交往，从旧石器时代开始从未间断。不同规模、不同程度、不同形式的人口流动，造成了文化与文化间的碰撞、交流与融合。区域性的文明也是一个动态的过程。目前来看，良渚文明是我们所能确证的中国最早文明，在这之后的 1000 多年，陶寺、石峁、二里头的相继繁荣，使得区域文明的重心不断地发生变化。在这个持续的过程中，礼制规范、等级社会模式、城市架构等文明因素不断地传承、交汇，直至夏商。其实，夏商两支文化也是不同地区各自演进发展所至，夏商的更替，其实也是两个区域性文明的轮流坐庄，只是此时的区域遍及更大的范围，此时的文明正在逐鹿中原。真正大一统的中央集权国家，要从秦朝算起。这样看来，从良渚到商周，正是中华文明从区域性文明向大一统逐步汇聚的一个连续不断的过程，万万不可将之割裂。

2019 年 5 月于良渚

目录 Contents

第四章　西北半月形地带的形成

导言 Introduction

文明和国家起源，是与人类起源、农业起源并列的世界考古三大战略性研究课题。从 1996—2000 年的夏商周断代工程到 2001—2015 年的中华文明探源工程，这两大国家战略性课题的展开，显示了国家层面对文明和国家起源研究的重视，也都取得了丰富的阶段性成果。作为"中华文明起源过程中三大都邑性聚落综合研究"的重要组成部分，良渚古城的考古发掘和研究在中华文明探源研究中发挥了重要的作用。

考古发现是文明和国家起源研究的基础，而我们对良渚社会的认识也是在 80 余年来的考古工作的基础上不断深化的。

1936 年施昕更最早发现良渚遗址时，学术界认为这只是山东龙山文化向南传播的一支。1959 年夏鼐提出良渚文化的命名，并成为学术界普遍的共识。但由于考古资料有限，当时学术界并未过多讨论良渚文化所处的社会阶段。

　　1973 年在江苏吴县草鞋山遗址首次发现了随葬玉琮、玉璧的良渚文化的大墓，从此，以前被当作周汉时期制品的良渚玉器才得到了正确认识。20 世纪 70 年代末到 80 年代，江苏张陵山、寺墩，上海福泉山，尤其是浙江反山、瑶山陆续发现的良渚文化高等级墓葬，使我们认识到良渚社会分化的程度已经达到比较高的阶段；80 年代末至 90 年代末莫角山大型台地遗址的发现及对"良渚遗址群"的探索[①]，使良渚遗址的范围扩大到了 42 平方千米，学术界普遍认识到良渚社会已经进入或者即将进入文明社会[②]。

　　2004 年，国家"十五"重点科技攻关项目"中华文明探源工程"正式启动，良渚遗址的考古成了探源工程的重点项目之一。2005 年我国设立了大遗址保护专项经费，良渚遗址作为全国 100 处重点大遗址之一被列入保护项目库。

　　2006—2007 年发现了围绕莫角山的良渚古城，随后积极展开持

① 王明达：《"良渚"遗址群概述》，余杭县政协文史资料委员会编：《良渚文化》，1987 年 12 月。浙江省文物考古研究所：《良渚遗址群》，文物出版社，2005 年。
② 浙江省文物考古研究所：《良渚文化研究——纪念良渚文化发现六十周年国际学术研讨会论文集》，科学出版社，1999 年。

续的考古调查、发掘和勘探工作，良渚考古进入都邑考古的新阶段。2009—2013 年，完成城内外 10.8 平方千米的全覆盖式勘探，确认了良渚古城城址区包括宫殿区、内城、外城三重，占地 6.3 平方千米。2009—2015 年，通过调查和试掘，确认了良渚古城外围水利系统，使良渚遗址的范围扩大到了约 100 平方千米。2016—2018 年对莫角山宫殿区、钟家港古河道、姜家山贵族墓地、池中寺台地等进行了大规模发掘，对城内的功能分区和格局有了明确的认识。

　　基于十余年的最新考古成果，可知无论从其宏大的规模，还是从城市体系的复杂性及其建筑的工程量等，良渚古城都不亚于同时期的古埃及、苏美尔和哈拉帕文明；高等级的墓葬与玉礼器的发现也证实了良渚时期已经存在森严的社会等级，甚至已经出现了统一的神灵信仰。如今学术界已普遍认为良渚文化已经进入了文明和早期国家社会[①]。

[①]　赵辉：《良渚的国家形态》，《中国文化遗产》，2017 年 3 期。Colin Renfrew, Bin Liu, "The emergence of complex society in China: the case of Liangzhu", *Antiquity*, 92, 364 (2018): 975-990. 科林·伦福儒、刘斌：《中国复杂社会的出现：以良渚为例》，陈明辉、朱叶菲、宋姝、姬翔、连蕙茹译，《南方文物》，2018 年 1 期。

尽管在文明和国家起源的研究方面已经取得了很大的进展，但国内外考古界对这两个概念一直没有达成比较一致的认识，为了更好地认识良渚社会所处的发展阶段，有必要对此进行一些辨析。

什么是文明？

考古学意义的文化和文明，都有狭义和广义之分，狭义的文化是物质文化的集合，广义的文化则包括了物质文化与物质文化所显示的经济、社会、精神等多个层面。文明一般被认为是文化的高级形态，常常在物质文化中有强烈的显现，如出现城址、王陵、宫殿、神庙、礼器等，这是文明的狭义概念；广义的文明则包括城址、王陵、宫殿、神庙、礼器等"高等级"的物质文化现象及其背后所展现出的经济、社会和意识形态等深层次的内涵。

文明常常被学者用来表示社会进步的状态，持这种观点的代表人物包括摩尔根、恩格斯、柴尔德，以及国内的著名考古学前辈夏鼐、苏秉琦等。在他们看来，文明往往是国家的同义词。1877年，美国人类学家摩尔根依据生活资料、政治、语言、家族、宗教、居住方式和建筑、财产等标准将人类社会分为蒙昧社会、野蛮社会和文明社会，摩尔根以"文明"来表示社会进化的最高状态[①]。恩格斯完全继承了这一观点，他指出，国家是文明社会的概括[②]。考古学家柴尔德发展了摩尔根和恩格斯的学说，并将其运用到考古学阐释中，他于1944年将文明定义为"专用于居住在城市里的人群……城市不仅必须有一定的规模，还要容纳至少一定数量不直接从渔猎或农业而是从次要的产业、贸易和其他职业获得生计的少数人口"[③]。1950年，柴尔德根据古埃及、苏美尔、哈拉帕文明的相关考古资料，系统阐述了城市革命的理论，归纳了城市（在柴尔德看来，城市可以作为文明的同义词）的十项标准[④]：庞大的人口数量，一般为数千到数万人；尽管大多数居民仍然是农民，但已经出现社会分工和手工业专门化；剩余财富交由

....

① 路易斯·亨利·摩尔根：《古代社会》（新译本），杨东莼等译，中央编译出版社，2007年，原书于1877年出版。
② 恩格斯：《家庭、私有制和国家的起源》，天津人民出版社，2009年，原著作于1884年出版。
③ 柴尔德：《考古学与社会进步》，潘艳译，《历史的重建——考古材料的阐释》，上海三联书店，2008年，原文发表于1944年。
④ 柴尔德：《城市革命》，陈洪波译，《考古学导论》，上海三联书店，2008年。原文发表于1950年。

神祇或国王控制；存在规模巨大的神庙一类的纪念性公共建筑，并往往附有大型粮仓；社会分为统治阶级和被统治阶级，祭司以神的名义操办礼仪，也掌管财产，王出现并作为民事管理者和军事首领；采用文字系统和数字符号；精确、预测性科学产生，如代数、几何学、天文学等；艺术专门化，出现专职的雕塑家、画家或印章雕刻家；存在经常的对外贸易，包括奢侈品和工业原料，用于工业生产或礼仪活动；出现地缘而非血缘的国家组织。柴尔德对文明的定义及城市（文明）的十标准论在国际考古学界产生了深远的影响。

文明的社会学内涵实际上可包括在上文所说的广义的文明概念之中，文明与文明社会实际上应该被视为两个概念，一个属文化学范畴，另一个则应归入社会学范畴。文明是一种高级的文化现象，而文明社会是出现了这些高级的文化现象的比较高层次的社会。

关于文明的标准问题，柴尔德的十标准说是比较全面的，基本上已经囊括了文明的各个层面的内涵。也有学者提出更简化的三标准说，比如 1958 年，克拉克洪在近东文明起源学术研讨会上提出，文明社会必须满足以下三项中的两项：有 5000 以上居民的城市、文字、复杂的礼仪中心。这一观点被丹尼尔采纳，并通过其 1970 年出版的《最初的文明：文明起源的考古学》广为流传，产生了很大的影响①。1984 年，夏鼐作为当时中国考古学的领军人物，率先对文明的定义和判断标准进行了阐述，他指出，"现今史学界一般用'文明'一词来指一个社会已由氏族制度解体而进入有了国家组织的阶级社会的阶段。这种社会中，除了政治组织上的国家以外，已有城市作为政治（宫殿和官署）、经济（手工业以外，又有商业）、文化（包括宗教）各方面活动的中心。它们一般都已经发明文字和能够利用文字作记载（秘鲁似为例外，仅有结绳记事），并且都已知道冶炼金属。文明中的这些标志以文字最为重要"②。夏鼐根据殷墟的考古情况，提取出都市、文字、青铜器这三个文明的一般性特点，并根据二里岗文化和二里头文化的考古新成果，将中国文明的起源上推至二里岗文化乃至二里头晚期。夏鼐的三标准说与克拉克的三标准说有相似之处，但他根据殷墟等国内的考古成果，用青铜器替代了仪式中心。夏鼐的文明研究成果在国内引发了文明起源研究的热潮，其关于文明的三标准说也产生了比较深远的影响。

....

① Glyn Daniel, *The First Civilizations, The Archaeology of their Origins*, Thomas Y. Crowell Co., 1970。李学勤：《走出疑古时代》，辽宁大学出版社，1997 年。
② 夏鼐：《中国文明的起源》，中华书局，2009 年。该书是 1983 年夏鼐在日本的三次演讲集，1984 年以日文出版，最早的中文版于 1985 年由文物出版社出版。

苏秉琦、张忠培等学者在夏鼐的基础上，将文明提早到以红山文化、良渚文化为代表的 5000 年以前。苏秉琦指出，"中国早在 5000年前，已经产生了植根于公社，又凌驾于公社之上的高一级的社会组织形式，这一发现把中华文明史提前了 1000 年"[1]，张忠培也论述了公元前 3300—前 3200 年，黄河、长江中下游和燕山南北及西辽河流域的考古学文化格局，从父权家族的产生、社会分工与分化、聚落的分化、王权和神权的确立等方面论证当时以上几个区域已经跨入"文明门槛"[2]。以上两位学者的观点正在得到越来越多相关考古学材料的证实。

关于文明的定义、相关标准的讨论以及国内外学者对良渚文明的定性，为我们归纳东亚文明的特质和标准奠定了基础。研究文明的道路可以归纳为"从文化到文明"，首先，从狭义的文化到狭义的文明，即从物质文化研究出发，探讨房址、墓葬、仪式场所、身份标志物等从简单向高级发展的历程，归纳文明形成的各种物质表象；在探

---

[1] 苏秉琦：《中华文明起源新探》，辽宁人民出版社，2009 年，第 1 版于1997 年在香港出版。
[2] 张忠培：《中国古代文明的形成》，《考古、文明与历史》，台湾"中研院"历史语言研究所傅斯年汉学讲座 1997 年，福元印刷事业有限公司，1999 年。

讨某一地区是否进入文明时，还要充分地整体把握区域文化的各种内涵，以及区域之间文化的互动和交往。由于文明模式的不同，有些文明在物质表现方面是显性的，有些文明则是隐性的，或者某一文明在一些方面是显性的，在另一些方面则是隐性的，如果片面地强调物质表现，很可能会得出不符合历史实际的结论；文明起源研究的难点在于透过物质文化，通过经济考古学、社会考古学、政治考古学、认知考古学等多种手段去探讨文明的经济、社会、政治、意识形态等方面的深刻内涵，从而形成广义的文明认识。

综合各家所述，笔者认为符合以下大部分标准的文化都可称为文明：城市及城乡分野出现，聚落分化为至少两个等级；人口至少达到数千，甚至数万；宫殿区建筑或大型宫殿建筑的确认；存在大规模神庙或仪式中心；财富的高度集中，如大型粮仓的集中出现；墓葬可划分为多个等级，有独立的贵族墓地，社会分化为至少两个阶层；有文字或成熟记录系统；艺术专门化，象征权力和宗教的艺术品出现并被权贵阶层垄断；技术进步，科学产生，如工程技术、数学、天文学等；农业经济发达，农业（包括种植业和畜牧业）在生计中占据主要地位，社会分工显著，手工业专门化，贸易等经济活动活跃；保持较持续的稳定性，与周边文化或文明存在广泛的交流。

什么是国家？

国家是一个抽象的政治学概念，表示有一定疆域和人口，产生了政府、法律、军队等，有复杂的阶层划分的一种复杂社会。国家与文明是两个不同的概念，同时又有着密切的联系，一般来讲，进入国家阶段则必然已处于文明社会，但是进入文明社会还不一定进入国家阶段。而在史前考古学领域，判断一个复杂社会是否进入国家阶段并非易事，需要在遗存考察已经比较全面的基础上，进行深入的理论探索。

1877 年，摩尔根在《古代社会》一书中认为国家是"以地域和财产为基础"构建起来的社会①。恩格斯于 1884 年出版了《家庭、私有制和国家的起源》一书，书中对国家进行了系统的阐述，"国家绝不是从外部强加于社会的一种力量……这个社会陷入了不可解决的自我矛盾，分裂为不可调和的对立面而又无力摆脱这些对立面。而为了

---

① 路易斯·亨利·摩尔根：《古代社会》，杨东莼等译，中央编译出版社，2007 年，原书于 1877 年出版。

使这些对立面，这些经济利益互相冲突的阶级，不致在无谓的斗争中把自己和社会消灭，就需要有一种表面上凌驾于社会之上的力量……这便是国家"，国家有两大特点，按地区划分国民和公共权力的设立 [1]。马克思和恩格斯关于社会进化的学说后来被归纳为原始社会（氏族前、母系氏族、父系氏族）、阶级社会（奴隶社会、封建社会、资本主义社会）和无阶级社会（社会主义社会、共产主义社会）等前后发展的社会阶段 [2]。

从 20 世纪 60 年代开始，人类学家塞维斯等提出了游群、部落、酋邦、国家的直线发展模式 [3]。大致同时，政治人类学家弗里德提出了社会分层的理论，即平等社会、等级社会、阶层社会和国家社会这四

[1]　《马克思恩格斯选集》第四卷，人民出版社，1995 年。
[2]　《苏联共产党（布）历史简明教程》，人民出版社，1954 年，转引自张忠培：《简论良渚文化的几个问题》，《文明的曙光——良渚文化》，浙江人民出版社，1996 年。
[3]　M.D. Sahlins, and E.R.Service, eds., *Evolution and Culture*. Ann Arbor: University of Michigan Press, 1960. E.R.Service, *Primitive Social Organization: An Evolutionary Perspective*, New York: Random House, 1962.

种具有先后演化关系的社会类型 [1]。二者的理论在全世界范围内造成了广泛的影响并引发了讨论，很快就被考古学家应用到了考古学领域。

人类学家克莱森最早阐述了早期国家这一概念，早期国家是介于非国家组织和成熟国家之间的社会形式，"是一种有着三个层次（国家、地区和地方层次）的权力集中起来的社会政治组织。它的主要目的在于调控社会关系……至少分成了两个基本的阶层……也即统治阶级和被统治阶级。这两个阶层或者阶级之间的特征是，前者实施政治控制，后者缴纳赋税。早期国家的合法性在于共同的意识形态，这又是以互惠为基本原则的" [2]。他认为早期国家的产生有四个必要条

....

[1]　M.H.,Fried, "On the Evolution of Social Stratification and the State", in S. Diamonds ed., *Culture in History*. New York: Columbia University Press, 1960, 713-731. M. ,Fried, *The Evolution of Political Society*. New York: Random House, 1967. 陈淳：《文明与早期国家探源——中外理论、方法与研究之比较》，上海世纪出版集团，2007 年。

[2]　H.J .M. Claessen,P. Skalnik, ed. ,*The Early State*, The Hague:Moutor Publishers, 1978, p.642. 克莱森：《从临时首领到最高酋长》，郭子林译，《历史研究》，2012 年 5 期。克赖森：《关于早期国家的早期研究》，胡磊译、莫方校，《中国社会科学院古代文明研究中心通讯》，2006 年，第 12 期。克赖森：《国家起源的方式与原有》，胡磊译、莫方校，《怀化学院学报》第 26 卷，第 3 期，2007 年 3 月。

件：1. 必须有足够数量的人口形成一种复杂分层的社会，人口至少在
5000 以上；2. 必须控制特定的领土；3. 必须有一种生产制度和合法
化的等级管理组织，足以保证剩余产品生产以供养专业人士、特权人
群和不从事生产活动的人；4. 必须存在一种解释社会—政治不平等现
象的意识形态。

　　值得注意的是，早期国家和复杂酋邦对于人类学家而言，也是不
容易加以区分的。

　　苏秉琦是国内较早系统阐述国家起源的学者，他于 1985 年提出
古文化（指原始文化）—古城（城乡最初分化意义上的城和镇）—古
国（高于部落的、稳定的、独立的政治实体）三历程说，随后提出古
国（"基于公社又凌驾于公社之上的高一级的组织形式"，即早期城邦
式的原始国家，如红山文化）—方国（比较成熟、比较发达、高级的
国家，是产生大国的时代，距今四千年前后开始进入方国阶段，包括
良渚、夏家店下层和夏商周）—帝国（秦汉帝国）的三部曲说[1]。王震
中提出邦国—王国—帝国的国家形态三阶段说，其中都邑邦国阶段包

....

[1]　苏秉琦：《中华文明起源新探》，辽宁人民出版社，2009 年。

括了良渚、陶寺[1]。张忠培在对文明和国家的形成进行了长时间的探索和研究后，提出了神王之国（以良渚文化为代表）—王国—帝国—党国的发展序列，这一思想被归纳为"国家论"[2]。李伯谦发展了苏秉琦的学说，提出东山村已进入古国阶段，良渚、陶寺和夏商周进入王国阶段，分别代表王国发展的两个阶段，秦汉开始正式进入帝国阶段，并提出了中原模式和神权模式这两种不同的文明模式[3]。

以上讨论显示出国内考古学界对探索中华文明起源的一般道路和不同模式的努力，已取得了重要的成果，形成了不少共识。关于史前的早期国家的研究是社会学和政治学范畴，通过考古学所揭示的物质文化来探讨早期国家的起源确实是一项很有挑战性的工作，在没有发现或破译文字的情况下，许多人类学家和政治学家对国家的定义，诸如领土控制、政治管理、再分配、法律等要素都很难直接从物质遗存中推导出来。因此，对早期国家的研究需要从物质文化来研究社会和

① 王震中：《邦国、王国与帝国》，《河南大学学报》，2003 年第 4 期。王震中：《中国古代国家的起源与王权的形成》，中国社会科学出版社，2013 年。
② 叶叔华：《20 世纪中国知名科学家学术成就概览》之张忠培词条（高蒙河撰写），科学出版社，2012 年。
③ 李伯谦：《中国古代文明化历程的启示》，《人民日报》，2015 年 3 月 6 日第 7 版。

国家的理论与方法。

笔者在柴尔德十标准论和弗里德的社会分层理论基础上，认为在距今一万年至距今四五千年期间，史前社会的演变普遍可分为四个阶段，即平等村落—分化社会—阶层社会—早期国家。平等村落阶段，出现定居或半定居村落，未出现中心聚落，村落呈散点状，相互之间不存在统属关系，村落内部也无社会分化现象。分化社会则出现了中心聚落，聚落至少可分两级，从墓葬等考古材料可知已存在社会分化现象，出现若干等级明显较高的墓葬，这是最早的不平等社会的标志。阶层社会是分化社会的进一步发展，聚落一般分化为两三个等级，往往出现超百万平方米的大型聚落、独立的贵族墓地、复杂的仪式中心、大型的房屋建筑等。早期国家的出现存在以下几个条件：聚落一般可分为四个等级，作为国家中心的都邑性城址规模庞大，存在宫殿区或大型宫殿建筑和大规模神庙或仪式中心；人口一般可达数万，社会一般可分为四个阶层；经济，尤其是农业比较发达，财富集中于特权人群，剩余产品足以供养专业人士、特权人群和不从事生产活动的人；艺术专门化，象征权力和宗教的艺术品出现并被独占；出现文字或成熟的记录系统；物质文化具有明显的整合性和扩张性，显示出一定的领土范围；出现一主多神的宗教信仰。

距今 5000 年的中国与世界

　　一般理解的旧大陆四大古老文明是指两河流域的苏美尔文明、尼罗河流域的古埃及文明、印度河流域的哈拉帕文明和黄河流域的中原文明。国际学术界普遍认为，苏美尔文明最早形成，古埃及文明其次，哈拉帕文明再次，中华文明最晚，但都在距今四五千年前先后形成。

　　从文明之间的交往及物质文化的相似程度来看，旧大陆的文明总体上应分为以苏美尔文明、古埃及文明和哈拉帕文明为中心的西亚文明圈，及以中原文明为代表的东亚文明圈。

　　距今 7000 年前，不管是从区位还是从发展程度看，两河流域均处于西亚文明圈的中心位置，是这一时期的文化高地，它分别向尼罗河流域、印度河流域输出大量的文化因素。距今 5000 年前后，陆续形成了苏美尔文明、古埃及文明和哈拉帕文明三个各具特色但又共享许多文化因素的古文明，其互相之间有着密切的文化和贸易往来，居民均以小麦、大麦作为主食，家畜中都有绵羊、山羊、牛、猪、狗等，肉食来源多样，泥砖建筑普遍，有了青铜冶炼技术，同时金银器也逐渐普及，宗教、贸易在文明的形成过程中发挥了重要的作用。在西亚文明圈的影响下，同时期的安纳托利亚高原、爱琴海地区、欧洲、努比亚地区、伊朗高原、中亚等也在这一时期出现了复杂社会。

　　中国考古学家经过了近 90 年的探索和研究，已经基本上构建了先秦时期的考古学文化序列，揭示出了多个三代之前的、距今 5000 年前后的史前文明，如良渚、屈家岭、大汶口等。9000 年以来，中原地区在大部分时间内都是东亚的文化高地和文明核心，中原和周边的互动是史前区域文明形成的基础。东亚地区是以中原文明为代表的东亚文明圈。东亚地区的居民以粟黍和水稻作为主食，家畜以猪、狗为主，土木建筑是主要的建筑形式，铜器使用较少，金银器尚未使用，玉器是主要的文明载体，贸易在文明形成过程中的作用还有待探讨。

西亚文明圈

China and World in Liangzhu Era

良渚时代的中国与世界

第一章　苏美尔文明

　　西亚地区位于整个旧大陆西方文化和文明圈的中心位置。从中石器时代到前陶新石器时代，西亚最早开始了新石器化的进程，开始种植大麦、小麦等重要农作物，绵羊、山羊等家畜都在这里得到驯化，距今 9000 年前后还制作出了小件铜器、泥砖、刻符、印章等，建造了城墙，形成一个被称为新月沃地的文化带，是整个旧大陆西端的文化高地。从距今八九千年的哈拉夫时代前后开始，居住于两河上游山前地带的农人和牧人逐渐迁往靠近河流的平原地区，促进了美索不达米亚地区南部的开发，这些居民或向四周开拓新的生存空间，许多文化要素也是在这个时期逐步向尼罗河流域、安纳托利亚、爱琴海沿岸、印度河流域和中亚等地区扩散，如大麦、小麦、山羊、绵羊、泥砖建筑、制铜技术等[1]。距今 8500 年前，美索不达米亚南部的苏美尔地区出现了最早的居民，他们创造了欧贝德文化，这支考古学文化在距今 6000 年左右演变为乌鲁克文化，最终形成了苏美尔文明（距今 5350—2000 年）。

----

① 余西云、李俊：《欧亚大陆新石器化研究动态》，《考古》，2011年4期；布莱恩·费根：《地球史——世界史前史导论》，方辉等译，山东画报出版社，2014年。

一　伊甸园的世界

　　欧洲学者对美索不达米亚文明的热衷有着宗教和文化上的渊源。《旧约》是犹太教的圣经，由希伯来人撰写于公元前 2 世纪之前，其中记载了大量新亚述（公元前 935—前 612 年）和新巴比伦时期（公元前 626—前 539 年）的历史事件，显示了《旧约》与美索不达米亚文明的密切关系。实际上，《旧约》中借用了不少苏美尔文学的素材，如肋骨造人、亚当和夏娃的故事、大洪水的传说等，这些可能都受到苏美尔神话和《吉尔伽美什史诗》的一些影响，在苏美尔楔形文字中，就有伊甸和亚当两个词，分别意为"未耕耘的土地"和"平原上的定居点"。而《旧约·创世记》记载，伊甸园位于东方，从伊甸园中流出四条河流，分别是希底结河、伯拉河、基训河、比逊河，其中希底结河和伯拉河即分别是底格里斯河和幼发拉底河的希伯来语名称[1]。

---

[1]　戴尔·布朗：《苏美尔·伊甸园的城市》，王淑芳译，广西人民出版社，2002年；斯蒂芬·伯特曼：《古代美索不达米亚社会生活》，秋叶译，商务印书馆，2016年。

　　两河流域指的是底格里斯河（2032 千米）和幼发拉底河（2720千米）流经的区域，又称美索不达米亚（希腊语意为"两河之间的地区"），大部分位于伊拉克，少部分位于叙利亚和土耳其，东北为扎格罗斯山，北部为陶鲁斯山和黎巴嫩山区，西南为叙利亚和阿拉伯沙漠高原，是一处被高大山脉和沙漠高原包围、东南面向波斯湾的独立的地理区，南北约 1000 千米，东西 50~300 千米，总面积约 17 万平方千米。

　　美索不达米亚可以以希特和萨马拉为界，分为北部高原区和南部平原区，北部高原区也称为亚述地区，南部平原区也称为巴比伦尼亚。巴比伦尼亚又以尼普尔为界，分为南部操苏美尔语的苏美尔地区和北部操塞姆语（或译为闪米特语）的阿卡德地区。尼普尔是苏美尔地区最北部的城邦，再往北的基什就已属于阿卡德地区，尽管语言有一定差异，但从欧贝德时代一直到乌尔第三帝国时期，苏美尔地区和阿卡德地区的文化面貌就高度一致，社会发展水平相当，文化、经济、政治交流密切，因此，我们这里用苏美尔地区一词来指代整个美索不达米亚南部，包括阿卡德地区和苏美尔地区。

　　苏美尔地区是在两河冲积及海平面上升的共同作用下逐渐形成的，海拔为 3~30 米，北至巴格达一带。距今 8500—4000 年期间，现今两河汇入波斯湾的河口还没成陆，幼发拉底河和底格里斯河各有各的入海口，乌尔、埃利都、拉伽什等遗址距海并不远。这时苏美尔地区南北约 350 千米、东西 50~200 千米，面积约 4.5 万平方千米。

这一区域面积广阔、地势低平、土壤肥沃、水源充沛，非常有利于灌溉农业和城市的发展。两河的冲积土层很厚，是土坯砖很好的原料，为大型建筑和城市的建设提供了丰富的泥土，同时还有大量纯天然的沥青资源，但缺乏铜金银锡等金属矿藏和石材、木材等重要的自然资源。两河支流众多，蜿蜒曲折，泥沙沉积容易形成地上河，经常发生河道改道，从而导致城市的衰落。每年春季，大约 4 月到 6 月之间，上游的冬雪融化之时，很容易发生洪水，淹没恰好处于收获季节的大麦小麦等农作物。

苏美尔地区的气候属于亚热带干旱半干旱气候，降水稀少，年平均降水量仅 115~135 毫米，全年有 8 个月无降雨，夏季漫长无雨，平均温度高达 48℃，蒸发量大，对作物的播种造成很大的影响，必须仰仗于人工灌溉，但频繁的灌溉也导致该地区常常受到土壤盐碱化的影响。

这一地区区位优势明显，但缺陷同样突出，洪水、河道改道、干旱、土壤盐碱化等因素有时候会成为城市和复杂社会的致命威胁。

二 文化大一统

　　苏美尔文明是同时期最辉煌的文明之一，不过对它的认识却晚至19 世纪 70 年代后期才开始成形。西方古典时期著作和《圣经》中记载了许多古巴比伦和亚述帝国的历史，因此，与古埃及文明一样，美索不达米亚文明也很早就引起欧洲人的关注，并有不少人前往探险、考察，这种考察活动在 17 世纪达到高峰，许多欧洲人"挖掘"了巴比伦—亚述文明时期的遗址，并在解读古波斯楔形文字和阿卡德楔形文字中取得很多突破，不过，此时，人们对苏美尔文明还一无所知。1877 年德·萨尔泽克被法国政府任命为巴士拉副领事后，随即开始了对泰罗遗址（属拉伽什城邦）的发掘工作。第一次发掘是从 1877 年3 月到 6 月，他在 1878 年 2 月至 6 月进行了第二次发掘，1880 至1891 年又进行了持续十余年的发掘工作，出土了一大批距今 4600—4000 年的遗物，如埃安纳吐姆鹫碑、古地亚坐像和以古地亚圆柱铭文为代表的丰富的泥板文献。这次发掘揭示出一处有着两段辉煌历史的拉伽什城邦，尤其重要的是首次向世人展现了苏美尔文明的存在，是苏美尔考古的开端。从 1877 年至今，来自世界各地的考古学家在这里进行了大量发掘和研究工作，初步建立了从距今 9000 年时期以来的完整的文化序列。

西亚最早的陶器出现于距今 9000 年前后，如果按照中国考古学的惯例，以陶器组合作为辨析考古学文化的重要标准的话，这一时期大致可以作为西亚地区考古学文化起源的时间，与东亚的裴李岗时代的起始时间相近似。

第一次世界大战后，考古学家陆续发掘了乌尔、埃利都、欧贝德、乌鲁克等遗址，首次了解到早王朝之前的文化遗存，经过讨论和研究，在 1931 年的第十八届东方学会议上形成了欧贝德时期—乌鲁克时期—捷姆迭特那斯尔时期的三阶段划分的共识。

根据杨建华等人对两河流域的文化和社会发展进程的研究 [1]，可将美索不达米亚地区距今 9000—4000 年的历史划分为哈拉夫时代（距

---

[1]　塞顿、劳埃德：《美索不达米亚考古》，杨建华译，文物出版社，1990年，根据原作 1984 年出版的第二版翻译。N., Yoffee, *Myths of the Archaic State: Evolution of the Earliest Cities, States, and Civilizations*, Cambridge: Cambridge University Press, 2005. Robert A.Carter, Graham Philip, *Beyond the Ubaid:Transformation and Integration in the Late Prehistoric Societies of the Middle East*, Chicago: The University of Chicago Press, 2010. 杨建华：《两河流域：从农业村落到城邦国家》，文物出版社，2014 年。

今 9000—7500 年）、欧贝德时代（距今 7500—6000 年，以欧贝德晚期为代表）、乌鲁克时代（距今 6000—5350 年，包括乌鲁克早中期）、早王朝时代（距今 5350—4350 年，包括乌鲁克晚期至早王朝时期）、阿卡德—乌尔第三帝国时代（距今 4350—4000 年）、伊辛和拉尔萨时代（距今 4000—3800 年）。

在哈拉夫时代之前的前陶新石器时代（距今 11500—9000 年）和纳吐夫时代（距今 13500—11500 年）晚期，美索不达米亚西北部和北部地区就已有人类活动，形成了许多重要的遗址。

（一）哈拉夫时代

哈拉夫时代，文化的高地在北部亚述地区。以萨马拉文化和哈拉夫文化为代表，可以距今 8500 年为界分为两个小阶段。

第一阶段可称为萨马拉时期，仅在美索不达米亚北部有两支考古学文化，分别为偏北的哈苏纳文化和偏南的萨马拉文化，二者之间存在密切的文化交流和互动，其中萨马拉文化在其晚期阶段占据了哈苏纳文化的分布范围。这一时期，彩陶伴随着陶器的出现而出现，同时有少量珠子、刀一类的小型铜制品出土，少量印章的发现说明了贸易已经初步产生。从聚落和墓葬材料可知二者均为社会分化不明显的平等社会。

第二阶段可称为哈拉夫时期，在这个阶段，哈拉夫文化兴起并向外扩张至整个美索不达米亚北部，完成了北部的文化整合。同时萨马拉文化在哈拉夫文化影响下向南迁徙，在苏美尔地区形成欧贝德早期遗存[①]。哈拉夫文化的彩陶制技术非常发达，出现了制作精美的人形、动物形的陶容器，多出自墓葬、祭祀坑中，无疑是一种仪式性用具；同时还出土了各类质地的印章、护身符；另外还有少量铜珠、铜印章等小型铜器。哈拉夫文化中，聚落之间差异不大，一般数万平方米，但出现了为多个村落服务的神庙或祭室，同时发现有随葬较多石制或铜制的管珠及石质印章、护身符的较大型墓葬，出现了一定的社会分化和贫富差异，哈拉夫文化是西亚最早进入分化社会的考古学文化。

---

① 杨建华：《两河流域：从农业村落到城邦国家》，文物出版社，2014年。

（二）欧贝德时代

　　欧贝德文化以欧贝德遗址命名，是一支延续时间长达 2500 年、分布于整个美索不达米亚地区的文化系统。其可以分为早晚两大阶段，共四期。早阶段分为第一期和第二期，距今约 8500—7500 年，与哈拉夫文化同时期，其中第一期埃利都遗址，即该遗址的 18—13 层；第二期往北扩张至基什附近的阿米亚遗址，此期遗址数量开始增加，整个苏美尔地区均有分布，并对美索不达米亚北部产生了一定的影响，如在布拉克遗址就发现了少量欧贝德二期的遗存。欧贝德晚期包括第三期和第四期（分别以埃利都 11—8 层和 7—6 层为代表），又称为典型欧贝德文化，距今约 7500—6000 年。

　　欧贝德时代以欧贝德晚期为代表，在这一阶段，欧贝德文化进入鼎盛时期，这一文化以苏美尔地区为核心，在距今 7500—7000 年间取代了两河流域北部的哈拉夫文化，第一次使整个美索不达米亚成为一个统一的文化区，影响所及还达到叙利亚西部及土耳其南部，以及伊朗西南部及西部，甚至在叙利亚的地中海边和沙特阿拉伯西南波斯湾沿岸也发现了属于欧贝德文化的遗址[1]，形成了一支面貌比较一致且幅员广阔的文化系统。欧贝德文化系统的扩张与欧贝德人获取相关原材料有着密切的关系，如美索不达米亚北部的铜矿、石材、木材等，而波斯湾沿岸的多达 50 处季节性遗址则可能是欧贝德渔民临时性捕鱼形成的[2]。

欧贝德二期末段开始出现陶镰并广泛普及，一方面是由于本地石材缺乏，另一方面是由于相对于燧石镰刀而言，这种陶镰最大的特点是可以大批量生产，适应了快速发展的灌溉农业的需要。农业、家畜饲养在食物来源中起到了越来越重要的作用，逐渐取代渔猎采集成为主要的生计类型，但渔猎仍占一定比重，如祭祀物品即以鱼为主，部

[1]　Robert A. Carter, Graham Philip, *Beyond the Ubaid:Transformation and Integration in the Late Prehistoric Societies of the Middle East*, Chicago: The University of Chicago Press.2010. 杨建华：《两河流域：从农业村落到城邦国家》，文物出版社 2014 年。

[2]　Mark Samuel, *From Egypt to Mesopotamia: A Study of Predynastic Trade Routes Studies in Nautical Archaeology*, Texas A&X University Press. 1997. Mario Liverani, *Uruk: The First City*, Equinox Publishing Ltd. 2006.

分遗址中狩猎仍占主要地位[①]。欧贝德人很早就需要用农产品来交换金属、木材、石材等本地所匮乏的自然资源，在大量遗址中都能发现刻符筹码一类的记录手段和印章等与经济和贸易有关的遗物。彩陶仍在继续使用，但已经开始逐步衰落，在距今 6000 年前被乌鲁克文化的轮制素面陶所取代，从而出现了专门用于祭祀的陶器，如龟形壶、熏炉等。遗址中还发现少量铜器，器类简单，如铜针等；发现铜器的遗址点少，可见其使用并不普遍，还没有成为主要的手工业门类。在苏美尔地区，农业、手工业和贸易的发展奠定了雄厚的经济基础，而神庙在文化和文明发展中发挥了重要的推动作用。

在苏美尔地区，神庙往往处于遗址和城市的核心区，既是宗教中心，同时也是经济中心。欧贝德晚期形成了以神庙为中心的具备城市雏形的中心聚落（如埃利都、乌尔）和无神庙的一般聚落（如欧贝德），遗址面积最大者 10 万至 15 万平方米，但绝大部分都是面积 5 万至 10 万平方米或更小的遗址。埃利都揭示出完整的欧贝德文化神庙发展序列，在欧贝德早期就出现面积数平方米（第 16 层神庙）至

---

① Robert A.Carter, Graham Philip, *Beyond the Ubaid:Transformation and Integration in the Late Prehistoric Societies of the Middle East*, Chicago:The University of Chicago Press,2010.

地区＼器类			储藏器		盛食器		礼器	
两河流域南部	欧贝德文化	第四期	1	2　3	4	5	6	7
		第三期	8	9　10	11	12　13	14	

欧贝德晚期（三、四期）的陶器组合

（引自杨建华《两河流域：从农业村落走向城邦国家》）

数十平方米（第 15 和 14 层神庙）的小型神庙建筑，欧贝德晚期的神庙在早期神庙的基础上加高重建（第 11、9、8、7 层神庙），到欧贝德最晚期（第 6 层神庙）面积扩大到 276 平方米，结构也从最开始的简单的长方形单间变成三分式多间布局。埃利都遗址欧贝德三期的神庙中新出现一种龟形壶，里面发现大量鱼骨，应该是专门盛放祭祀用品的礼器，同出于神庙的还有陶质的狗和蛇等动物。欧贝德晚期可能已经出现了不从事生产的祭司阶层，他们居住于神庙中，垄断了祭祀权，以神的名义获取剩余产品，成为社会的上层，这种神庙经济的持续发展奠定了后来苏美尔文明形成的基础。埃利都神庙区以南发现包含 800~1000 座墓的大型墓地，年代属欧贝德四期，随葬品都比较少，一般 1~7 件，最多也就 12 件，随葬品仅陶器和少量黑曜石珠、贝珠一类的装饰品，还没有发现随葬品较丰富的大墓和专用的大墓墓区 [1]。

① 转引自杨建华：《两河流域：从农业村落到城邦国家》，文物出版社，2014 年。

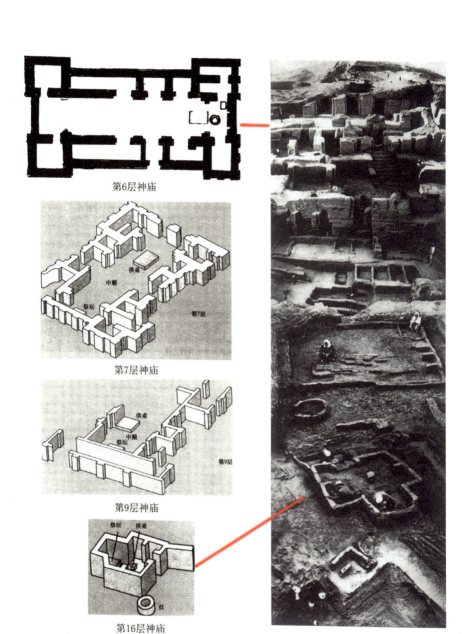

第6层神庙

供桌
中殿
祭坛
第7层

第7层神庙

供桌
中殿
祭坛
第9层

第9层神庙

祭坛　供桌
灶

第16层神庙

欧贝德晚期神庙序列（左：引自杨建华《两河流域：从农业村落走向城邦国家》，右：引自布朗《苏美尔：伊甸园的城市》）

（三）乌鲁克时代

乌鲁克文化是继承欧贝德文化发展而来的，根据乌鲁克等遗址的资料，可将其分为早中晚三期，早期以乌鲁克 12—10 层为代表，距今 6000—5800 年，中期以乌鲁克 9—6 层为代表，距今 5800—5350 年，晚期以乌鲁克 5—4 层为代表，距今 5350—5100 年[1]。美索不达米亚南部和北部的陶器组合和风格差异相比欧贝德晚期加大，亚述地区的乌鲁克时期遗存是受到乌鲁克文化影响的但又具有自身特点的区域文化，可称为高拉文化，苏美尔地区才是典型的乌鲁克文化分布区。

乌鲁克时代是两河流域城市化、复杂化、文明化的关键时期。乌鲁克早中期农业发展水平可能总体接近欧贝德晚期，仍以陶镰为主要的收割工具。快轮技术的发明和普及使陶器生产专业化，轮制素面陶成为主流，但是彩陶罕见，尽管生产效率提高了，但陶器的质量却下降了。金属制造业进一步发展，但仍落后于美索不达米亚北部，器型

---

[1] Leah Minc, Geoff Emberling, "Trade and interaction during the era of the Uruk expansion recent insights from archaeometric analyses", *Journal of Archaeological Science*, 2016. 杨建华：《两河流域：从农业村落到城邦国家》，文物出版社，2014 年。

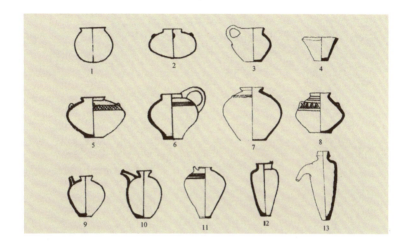

乌鲁克文化主要陶器组合

(引自杨建华《两河流域：从农业村落走向城邦国家》)

简单，主要为凿、锥、针、扣等小型工具、装饰品，手工业的发展使
各种类型的专业人员数量大增。乌鲁克时代苏美尔地区的主要贸易对
象是北部的美索不达米亚北部及叙利亚、安纳托利亚高原，以获得
铜、银、铅、木材和石材，以及东部的伊朗、阿富汗、高加索地区，
以获得青金石、玉髓[①]。

① 哈里特·克劳福德：《神秘的苏美尔人》，张文立译，浙江人民出版社，2000年，
原作于1991年由剑桥大学出版社出版。

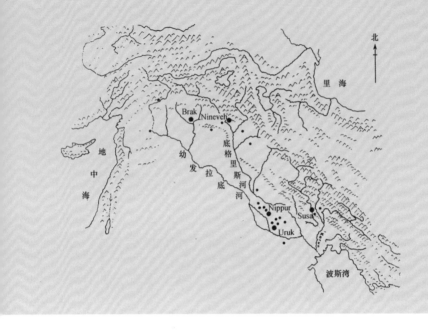

乌鲁克中期聚落分布图
（引自杨建华《两河流域：从农业村落走向城邦国家》）

    乌鲁克早中期遗址的面积增长到 20 万平方米，是乌鲁克时代面积最大的遗址。根据亚当斯、怀特[①]等人的研究可知，在乌鲁克早期，乌鲁克遗址是唯一的中心，周边 2000 平方千米范围内分布有 36 处遗

①   R.McC. Adams, and H.J.Nissen, *The Uruk Countryside*, Chicago: The University of Chicago Press, 1972.

址。在乌鲁克中期，美索不达米亚出现 5 个中心聚落，其中苏美尔地区有乌鲁克、尼普尔，亚述地区有布拉克、尼尼微，伊朗西南部苏萨平原有苏萨遗址，其中乌鲁克面积最大，并存在若干次级中心及大量村落。

　　从以上资料中，我们知道乌鲁克早中期的经济社会发展程度可能比欧贝德晚期有所进步，但总体上仍处于阶层社会的发展阶段。乌鲁克晚期出现了原始楔形文字、滚筒印章、超过 100 万平方米的城市等文明要素，苏美尔地区此时才正式迈入文明和早期国家阶段。因此，如果从社会发展阶段来看，苏美尔地区在距今 6000—4900 期间年的历史最好划分为以乌鲁克早中期为代表的阶层社会发展阶段，以及以乌鲁克晚期（距今 6000—5350 年）、捷姆迭特那斯尔为代表的早期文明发展阶段（距今 5350—4900 年，又有学者称之为原始文字时期 [1]）。

　　所以，本书所指的乌鲁克时代只包括以乌鲁克早中期为代表的时间段。

··

① 　Seton Lloyad：《美索不达米亚考古》，杨建华译，文物出版社，1990 年。

三　苏美尔文明

乌鲁克晚期（距今约 5350—5100 年）和捷姆迭特那斯尔时期（距今约 5100—4900 年）均出现了原始楔形文字，但内容多为经济管理文献和辞书，信息简略，或称为"原始文字时期"[①]。

早王朝时期（距今 4900—4350 年）则开始出现英雄史诗一类的文本，提供了大量的历史信息。早王朝时期距今 4900—4350 年，又可分为三期，一期距今 4900—4750 年，二期距今 4750—4600 年，三期距今 4600—4350 年（三期可以距今 4500 年为界细分为早晚两段）。

从社会发展阶段来看，从乌鲁克晚期到早王朝时期是进入早期国家和成熟文明的时代，因此不妨将二者放到一块来进行讨论。本书暂用早王朝时代来统称，将其分为乌鲁克晚期—捷姆迭特那斯尔时期和早王朝时期两个阶段。

....

① Seton Lloyad：《美索不达米亚考古》，杨建华译，文物出版社，1990 年。

（一）乌鲁克晚期到捷姆迭特那斯尔

乌鲁克晚期农业发展达到了很高的水平，在这一时期，泥板文书和圆筒印章上可见到犁的形象，说明当时已进入犁耕农业阶段，与此相适应，出现了数百米长的长条田块，配套有复杂的灌溉系统，畜力也被用于牵拉犁和脱粒器，灌溉农业和牲畜饲养是最主要的生计来源[1]。同时首次出现了金质装饰品等贵金属产品，有时被用于装饰神庙，成为祭司和贵族显示身份地位的重要遗物。在乌鲁克遗址捷姆迭特那斯尔时期的神庙区中，考古学家发现了使用失蜡法制作的小型狮子像、装饰小牛像的别针，并发现了金属矿堆等遗存[2]，说明这时金属制造技术已经比较发达，而且是被神庙所控制。乌鲁克晚期开始出现的圆筒印章是手工业专门化和贸易活动强化的标志，这类印章往往用产自美索不达米亚以外的美石制作而成，是社会身份的重要标志物，印章上的各种题材的图案也为我们了解当时的生产生活、社会等级、宗教信仰提供了直观的资料。

乌鲁克晚期开始，美索不达米亚北部的本地化趋势日益明显，乌

---

① 　Mario Liverani, *Uruk: The First City*, Equinox Publishing Ltd. 2006.

② 　哈里特·克劳福德：《神秘的苏美尔人》，张文立译，浙江人民出版社，2000年。

乌鲁克晚期的圆筒印章

（引自布朗《苏美尔：伊甸园的城市》）

捷姆迭特那斯尔时期的圆筒印章

（引自李建群《古代埃及和美索不达米亚美术》）

鲁克文化的影响逐渐消失。乌鲁克晚期的原始文献中出现了"迪尔蒙"一词，一般认为"迪尔蒙"位于波斯湾沿岸巴林地区，捷姆迭特那斯尔时期的苏美尔人加强了与这一地区的贸易联系和文化往来，从巴林甚至更南部的阿曼都能见到捷姆迭特那斯尔时期的典型陶器，这可能与苏美尔地区对阿曼的铜矿的需要有关[①]。

乌鲁克晚期的乌鲁克遗址扩大到 100 万平方米，是乌鲁克时代最大的遗址之一，形成乡（0.1 万—6 万平方米）、镇（6 万—25 万平方米）、城（50 万平方米以上）、都（100 万平方米以上）四级聚落结构，其中乌鲁克遗址是唯一的都邑级别的聚落，周边分布有 100 余个面积 1 万至 20 万平方米的遗址[②]。

乌鲁克晚期的神庙在原有神庙的基础上扩建，使神庙的台基越来越高，神庙本身的建筑结构日益复杂。从乌鲁克文化较晚阶段开始，

----

① 　Mark Samuel, *From Egypt to Mesopotamia: A Study of Predynastic Trade Routes Studies in Nautical Archaeology*, Texas A&X University Press. 1997.
② 　哈里特·克劳福德：《神秘的苏美尔人》，张文立译，浙江人民出版社，2000 年。杨建华：《两河流域：从农业村落到城邦国家》，文物出版社，2014 年。查尔斯·海曼：《古代文明的比较考古学研究》，《首届世界考古论坛会志》，科学出版社，2015 年。

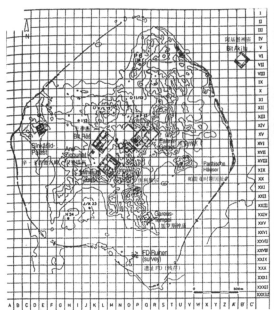

乌鲁克城址的总体格局

（引自拱玉书《西亚考古史》）

泥钉组成的马赛克装饰被广泛应用到神庙建筑上，并以金、铜嵌板装饰神庙。神庙是城市的核心，是宗教中心、经济中心和政治中心。乌鲁克遗址埃安娜神庙区清理出了 6 个不同时期的神庙建筑，其中属乌鲁克晚期的 4C、4B、4A 层神庙规模最大、保存最好，4C 层柱廊神庙的泥砖列柱直径达 2.62 米，外表是以泥钉组合成的马赛克图案，最晚阶段 4A 层的 D 庙和 C 庙面积分别达 4400 平方米和 1188 平方米。

捷姆迭特那斯尔时期，乌鲁克遗址再次重建了已经废弃的埃安娜神庙，在其西部又兴建了相对周边高 11 米的祭祀苏美尔主神之一安

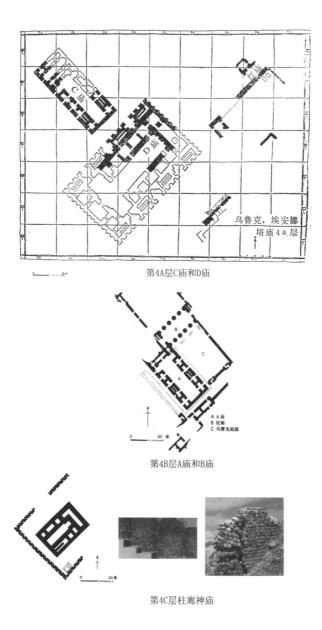

第4A层C庙和D庙

第4B层A庙和B庙

第4C层柱廊神庙

乌鲁克遗址埃安娜庙区神庙序列（引自劳埃德《美索不达米亚考古》及
哈里特·克劳福德《神秘的苏美尔人》）

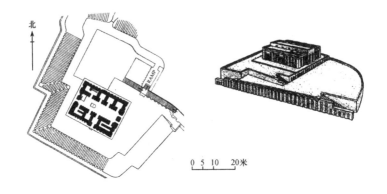

乌鲁克遗址安努神庙
（引自杨建华《两河流域：从农业村落走向城邦国家》）

努的神庙区。在捷姆迭特那斯尔地层内出土了一个著名的石膏瓶，高105 厘米、口径 31 厘米，共有三行浮雕画面，其中埃安娜女神及向她进献贡品的祭司（身着长袍）位于画面最高处，其下为搬运祭品的裸体人群，最下一行是一排羊和一排枣椰或大麦等植物。这个石膏瓶的画面体现了明确的等级分化，神灵处于最中心的地位，而为神灵服务的祭司阶层则在现实生活中处于社会顶层；处于第二等级的是搬运贡品的裸体人群；生产粮食和畜养牲畜的农牧民则属于最低等级。乌鲁克晚期至捷姆迭特那斯尔时期与王有关的世俗主题较为少见，王的形象在早王朝之前并不彰显，也没有发现王墓。在苏美尔文明中，王一开始似乎只是神庙在世俗世界的代理人，是跟祭司阶层一样为神灵

乌鲁克遗址出土石膏瓶

（左：引自拱玉书《西亚考古史》，右：引自杨建华《两河流域：从农业村落走向城邦国家》）

服务的，即使在早王朝甚至更晚的时期，一些图像资料仍显示建筑神庙是王的重要义务。这与同时期的古埃及零王朝和早王朝有着本质的区别，在古埃及浮雕画面中，国王毫无疑问占据画面的中心，而神灵作为国王的保护神处于从属地位。这个石膏瓶同时也充分证实了贡赋的存在，以及神庙在经济中的重要地位，祭司阶层在神的号召下，获取剩余产品，聚敛财富。

　　乌鲁克晚期文化还发明了文字。在乌鲁克遗址共发现约 5000 块公元前 5000 年前后的象形文字泥板，这些象形文字是楔形文字的前

乌鲁克出土祭司像
（引自布朗《苏美尔：伊甸园的城市》）

身，可称为原始楔形文字，其中少部分属乌鲁克晚期（包含 700 多个符号），大多数属捷姆迭特那斯尔时期。这一阶段还缺乏表音文字，均为表意符号，其中 85% 以上都属于与经济有关的经济文书，同时也发现 600 多块泥板记录了人表、职官表、牛表等内容，是当时的教科书文本（也被称为辞书）[1]。

美索不达米亚与尼罗河流域的文化交流一直是国际学术界关注和

[1] 拱玉书：《日出东方：苏美尔文明探秘》，云南人民出版社，2001 年。

乌鲁克晚期的泥板文书

（引自布朗《苏美尔：伊甸园的城市》）

热烈讨论的话题。在中石器时代和前陶新石器时代，古埃及的社会发展程度远远不如新月沃地和美索不达米亚，到距今 6000—5600 年的涅伽达一期才开始逐步赶上苏美尔地区。甚至一些乌鲁克文化的典型陶器（如带流瓶）也在公元前 3300 年前后出现在了尼罗河流域，说明了当时二者之间已经有直接的、深入的文化交流。更晚些时，乌鲁克晚期至捷姆迭特那斯尔时期的圆筒印章以及印章、壁画、浮雕图像上许多艺术形象如大人物与两神兽、长颈兽、船等被古埃及人所借鉴或使用。

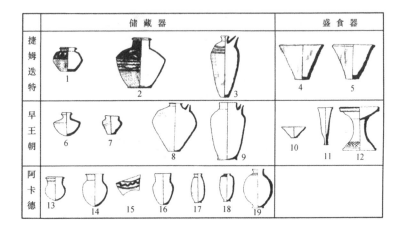

捷姆迭特那斯尔至阿卡德时期的主要陶器组合
(引自杨建华《两河流域：从农业村落走向城邦国家》)

（二）早王朝时期

早王朝时期农业进一步发展，这时期更有效率的石镰取代了欧贝德时代和乌鲁克时代常用的陶镰，铜镰的使用频率也增加了。到早王朝三期，一个圆筒印章上出现了双畜牵拉的犁耕图像，这表明此时牲

早王朝三期圆筒印章上的犁耕形象
（引自哈里特·克劳福德《神秘的苏美尔人》）

畜饲养应已相当发达，饲养动物种类有山羊、绵羊、牛以及猪、鸭、鹅等①。苏美尔地区取代美索不达米亚北部成为新的金属制造业中心，苏美尔人利用从美索不达米亚北部和波斯湾地区得到的铜矿和金银矿，制作出武器、工具、装饰品、容器等种类丰富的金属制品，并熟练掌握了合金技术、铸造法、锻造法、镂雕、浮雕、线雕、微雕、镶嵌等多种工艺。早王朝时期青铜铸造工艺达到高峰，可铸造真人大小

---

① 哈里特·克劳福德：《神秘的苏美尔人》，张文立译，浙江人民出版社，2000年。

的人像及仅 7 厘米高的微型驴车。农业的发展及以金属制造业为代表的手工业的进步使苏美尔地区的对外贸易更加繁荣，贸易网络更为完善。当时苏美尔人除了与叙利亚、安纳托利亚高原、伊朗高原以及波斯湾等继续有着直接的贸易往来外[①]，同时还与距离分别达 1700 千米和 2500 千米的古埃及文明和哈拉帕文明建立了直接联系[②]。

各城邦都建有神庙（多为高耸的塔庙），神庙有的用壁画、镶嵌饰带等装饰，每个城邦都有各自的主神或保护神。尼普尔成为相对独立的宗教圣城，面积约 50 万平方米，是苏美尔主神之一恩利尔的祭祀中心，其地位类似于欧贝德至乌鲁克时代的埃利都。但总体上这一时期的神庙材料不多，不妨以苏美尔时代之后乌尔第三王朝的乌尔金字形塔庙为例加以说明。乌尔金字形塔庙是在原先的遗址台墩上建立起来的三层式塔庙，内芯为泥砖砌筑，外表贴砌烧砖，其中第一层台基规格为 62.5 米 ×43 米，高 11 米，第二级和第三级台基又分别抬高5 米和 2.9 米，复原总高度约 19 米。

....

① 哈里特·克劳福德:《神秘的苏美尔人》，张文立译，浙江人民出版社，2000 年。
② 此距离分别指苏美尔地区取道黎凡特到达尼罗河三角洲的距离，以及取道波斯湾到达印度河河口的距离，文献和考古证据显示海湾地区至巴基斯坦俾路支斯坦是苏美尔文明和哈拉帕文明进行贸易和交流的中转站。

早王朝时期圆筒印章上修筑金字形神塔的图案
（上，引自哈里特·克劳福德《神秘的苏美尔人》）及复原保护后的乌尔第三王朝时期金字形神
塔（下，引自李建群《古代埃及和美索不达米亚美术》）

从苏美尔神话可知，苏美尔的神可分为三个不同等级，其中天空之神安努、大气之神恩利尔、水神恩奇是三位主神，第二等级神灵有太阳神乌图、月神南那、爱与战争之神埃安娜等，第三等级神灵有野生动物之神宁吉尔苏等[①]。早王朝一期只有神庙，二、三期开始出现类似宫殿的大型公共建筑（基什、埃利都），国王（铭文称为卢伽尔）也成为土地的拥有者，从而积累了大量的财富，在城邦间的战争中发挥着核心作用，王位的世袭渐成定制，这些都反映了世俗王权正在日益强化，但国王的权力仍受限于祭司阶层和公民大会，尚不具备绝对权力，国王同时也需要履行许多的宗教义务，流传下来的许多早期楔形文字文献（乌尔第三王朝的《乌尔纳木法典》和《里皮特·伊丝塔尔法典》）无不宣扬君权神授的观念[②]。更晚的阿卡德帝国和乌尔第三帝国时期，开始有少数国王自称为神，从而真正达到王权、军权、神权和财权的垄断。

....

① 戴尔·布朗:《苏美尔: 伊甸园的城市》，王淑芳译，广西人民出版社，2002年。李海峰：《古代近东文明：古代两河流域、古埃及、波斯等古文明探析》，科学出版社，2014年。芭芭拉·A.萨默维尔：《古代美索不达米亚诸帝国》，李红燕译，商务印书馆，2015年。
② 苏珊·鲍尔:《古代世界史：从苏美尔王表从天而降到古罗马帝国慢慢衰亡》，李盼译，北京大学出版社，2011年。

尼普尔埃安娜神庙出土的埃安娜雕像

（引自布朗《苏美尔：伊甸园的城市》）

早王朝时期的遗址出现了爆发式增长，数量众多、分布密集，总数达 1659 个。距今 5000 年前后，乌鲁克修建了规模巨大的城墙，城市面积达 550 万平方米 [①]，据估计其内居住有 4 万人口，是早王朝时期影响力最大的城邦。除乌鲁克外，苏美尔地区先后兴起 30 余个城邦，包括记载在《苏美尔王表》中获得过王权的法拉、基什、乌尔、哈马奇、阿达布、阿克沙克，王表中未记载但实际称霸的拉伽什，其他重要遗址还有位于迪亚拉地区的阿斯玛尔、海法吉、阿格拉卜，位于阿卡德地区的捷姆迭特那斯尔、欧盖尔、尼普尔、阿布萨拉比赫，位于苏美尔地区的拉尔萨、埃利都、欧贝德、舒尔伽、泰洛赫、温马等。多个遗址往往组成一个以核心遗址为中心的城邦，它们之间为争夺霸权和资源常常发生战争，胜利者往往成为霸主，建立王朝。

在乌尔、基什、欧贝德等遗址均发现了早王朝时期的墓葬，尤以乌尔遗址（早王朝晚期早段的重要城址，面积 50 万平方米）最为丰富和重要，墓葬多为单人屈肢葬，以土坑墓为主，同时也开始出现泥砖砌筑的穹隆顶墓。乌尔遗址中捷姆迭特那斯尔时期至早王朝一、二期的墓葬材料显示随葬品丰富的大墓集中分布的现象，随葬品有石

---

① 拱玉书：《西亚考古史》，文物出版社，2002 年。

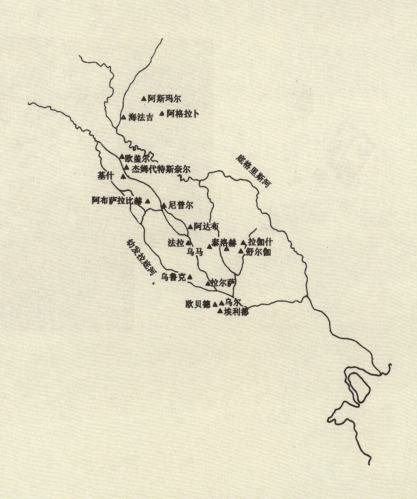

▲阿斯玛尔

▲海法吉　▲阿格拉卜

底格里斯河

▲欧盖尔
▲杰姆代特斯奈尔
基什 ▲

阿布萨拉比赫▲　▲尼普尔

▲阿达布

幼发拉底河

法拉▲　▲泰洛赫　▲拉伽什
乌马　　　　▲舒尔伽

乌鲁克▲　▲拉尔萨

欧贝德▲　▲乌尔
　　　▲埃利都

苏美尔早王朝时期主要城邦分布图
（引自哈里特·克劳福德《神秘的苏美尔人》）

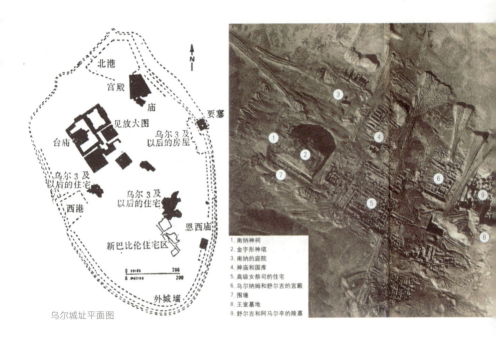

乌尔城址平面图

1. 南纳神祠
2. 金字形神塔
3. 南纳的庭院
4. 神庙和国库
5. 高级女祭司的住宅
6. 乌尔纳姆和舒尔吉的宫殿
7. 围墙
8. 王室墓地
9. 舒尔吉和阿马尔辛的陵墓

乌尔城址平面图及城内核心区航拍

(左：引自劳埃德《美索不达米亚考古》，右引自布朗《苏美尔：
伊甸园的城市》)

乌尔城址发掘场景

（引自布朗《苏美尔：伊甸园的城市》）

碗、金属制品、宝石质装饰品等。该遗址更为重要的发现是早王朝三期至阿卡德时期的 1850 座墓葬，其中 400 座明确属早王朝三期早段，年代约在公元前 2600—2500 年，其中心位置是有 16 座带墓道的砖石砌筑的穹隆顶大墓，既有男性墓又有女性墓，大墓墓群周围围绕着大量同时期的墓葬。这些墓葬包括 M789、M800（王后普安比之墓）、M1237（殉葬达 74 人）、M1050（阿卡拉木都之墓）等，出土了大量极其精美的金银铜制品，如被称为"军旗"的嵌板、公牛头竖琴、公牛像、剑、头盔和各种容器，还常见殉人、殉牛车的现象。这个墓地还发现专门埋葬士兵的墓，共 96 座，均为男性，随葬青铜剑、斧、矛等武器及少量陶器，结合乌尔军旗上的步兵和骑兵形象，都说明当时不仅存在战士阶层，而且出现不同的军种。此外，还在乌尔遗址上发现了乌尔第三王朝国王舒尔吉和阿玛尔·辛等人的墓葬[1]。

《吉尔伽美什与阿伽》史诗记载了早王朝三期早段的一段历史，史诗中称赞道："乌鲁克，众神的作坊，埃安那，从天而降的庙堂，诸神塑造了它们的形状。它（乌鲁克）的雄伟城墙，似晨雾，接地连天，

[1]　哈里特·克劳福德：《神秘的苏美尔人》，张文立译，浙江人民出版社，2000 年。杨建华：《两河流域：从农业村落到城邦国家》，文物出版社，2014 年。戴尔·布朗：《苏美尔：伊甸园的城市》，王淑芳译，广西人民出版社，2002 年。

乌尔王陵殉葬示意图（引自布朗《苏美尔：伊甸园的城市》）

乌尔王陵出土金银器（引自拱玉书《西亚考古史》）

乌尔王陵位置图（上左）

金质头盔及短剑（下左、右）

乌尔王陵出土头饰项饰（引自拱玉书《西亚考古史》）

乌尔王陵出土山羊和生命树（引自李建群《古代埃及和美索不达米亚美术》）

乌尔王陵出土的镶嵌版画，又称乌尔军旗

（引自拱玉书《西亚考古史》）

乌尔王陵出土的竖琴

（引自布朗《苏美尔：伊甸园的城市》）

乌尔王陵普安比王后墓出土的马车复原图
（引自布朗《苏美尔：伊甸园的城市》）

它的崇高住所，是安努神所建。这里的一切都由你掌管，你是英雄的
国王，你是安神宠爱的魁梧高大的男子汉。他（信使）到来后你为何
如此胆怯？"这段话生动形象地展现了乌鲁克城的宏大及神权与王权
之间紧密的关系。

四　简明王朝史

早王朝时期是苏美尔文明中的英雄时代。这一时期文字系统日渐成熟，从象形文字发展为抽象的楔形文字，并出现了表音符号。除了主要记录经济方面内容的文本，还出现了历史文献、文学作品、书信、奉献铭文等各种形式的文本，也可称其为苏美尔文学，这些文本记录了不少早王朝时期的历史事件。《苏美尔王表》和与早王朝相关的多部英雄史诗，为我们勾勒出早王朝时期的基本历史框架和城邦争霸的历史。

其中最重要的是《苏美尔王表》[①]。王表记录了从"王权自天而降"到伊辛王朝的历史。生活在希腊古典时代的巴比伦人贝洛索斯撰写了《巴比伦尼亚志》，在第二卷中介绍了巴比伦尼亚的历代国王，包括洪水前的十王、洪水故事、洪水后的 86 个史前王，其中洪水前的十王与《苏美尔王表》基本一致；多部英雄史诗中的国王名字也可以在《苏

[①]　Thorkild Jacobsen：《苏美尔王表》，郑殿华译、吴宇虹校，生活・读书・新知三联书店，1989 年。

美尔王表》中找到 [①]。当然，根据考古发现，我们知道这个王表并没有反映所有的城邦历史，最明显的就是遗漏了拉伽什第一王朝（早王朝三期晚段，公元前 2500—前 2300 年）和拉伽什第二王朝（约公元前 2164—前 2117 年）。

（一）大洪水之前的史前时期

《苏美尔王表》中记载，埃利都最早获得王权，"王权自天而降，王权在埃利都"，随后又先后转移到巴德提比拉、拉拉克、西帕尔、舒鲁帕克，历"五城八王"共 241200 年，最后"洪水冲过"。

这一段历史反映出明显的传说性质，比如这八个王各自都统治了以万年计的天文时间，最长的在位时间竟达 108000 年，显然是不科学的。值得注意的是，巴德提比拉第三王被称为神都木吉，是一个牧人，显示出王与神的关系紧密。

埃利都是苏美尔地区最南部的城市遗址，也是考古发现的苏美尔地区最早的遗址，是淡水神恩奇的祭祀中心。1948 年萨法尔和劳埃

---

① 拱玉书：《日出东方：苏美尔文明探秘》，云南人民出版社，2001 年。

德对埃利都遗址进行了发掘，建立了欧贝德文化时期的分期框架。遗址地层可分 18 层，18—15 层属欧贝德一期，14—12 层属欧贝德二期，11—8 层属欧贝德三期，6 层属欧贝德四期。发掘的另一个重要成果是揭示了欧贝德文化时期的完整的神庙序列，如一期的第 16 层神庙（2.1 米 ×3.1 米）、第 15 层神庙（7.3 米 ×8.4 米）和第二期的第 14 层神庙，面积都不大，还处于神庙建筑发展的初始阶段，说明埃利都遗址在当时可能具备中心聚落和宗教中心的地位，欧贝德晚期（三、四期）第 11—6 层各层均在原位置堆高并重建神庙，规模也逐步扩大，其中第 6 层神庙建筑面积达 23 米 ×12 米。从考古情况可知，埃利都的历史可追溯至公元前 6500 年，且在公元前 6000 年前后就出现了神庙建筑，并沿用到欧贝德晚期，其可能是当时的一个宗教中心[1]。

巴德提比拉现存有废墟。拉拉克是治病女神尼尼西娜的丈夫帕比尔萨格的现世家园[2]。西帕尔是太阳神乌图的崇拜中心。舒鲁帕克是苏美尔文学洪水故事中幸免于难的主人公吉乌苏德拉的故乡，也即考古发现的法拉遗址，始建于乌鲁克晚期，在当地发现了早王朝一期末的

---

① F・Safar, and S.Lloyd, *Eridu,* Baghdad, 1981. 转引自杨建华：《两河流域：从农业村落走向城邦国家》，科学出版社，2014 年。

② 斯蒂芬・伯特曼，《古代美索不达米亚社会生活》，秋叶译，商务印书馆，2016 年。

洪水层，说明洪水可能发生在这一时间段。

洪水之前的五城之间并没有提及后继者击败前者完成了王权的转换，而从洪水之后的乌鲁克第一王朝开始，新王朝都是通过打败前面的王朝而登上了霸主地位。各王在位的时间仍过长，但存在一个渐趋理性化的过程，到乌鲁克第三王朝、阿卡德帝国和乌尔第三帝国时期以及更晚的伊辛王朝才基本正常，其时已属公元前 2350 年之后。

（二）洪水之后的早王朝时期

1. 基什第一王朝（年代大致属早王朝二期至早王朝三期初）

根据王表记载，洪水冲过后，"王权自天而降，王权在基什"，并经历了二十三王 24510 年 3 个月 3 天半，其中有三个比较有名的王，如埃塔那是"一个牧人，上过天，平定四方之人，王 1500 年"，以及最后两个王恩美巴拉格西及其子阿伽，恩美巴拉格西是"虏获埃兰国武器的人，王 900 年"，而恩美巴拉格西之子阿伽在位 625 年。最后，基什被打败，王权转移至乌鲁克。

这一时期，王在位的时间要短于洪水前八王，但仍有数百甚至上千年。如果王表的记述可信，那么这一时期已经出现世袭王权，如马什达与阿尔维乌姆，埃塔那、巴利赫、恩美农那、美拉姆基什，恩美农那、巴尔萨勒农那、萨姆哥、提兹卡尔，恩美巴拉格西与阿伽均为父子相继，这一传统被王表中更晚的各个王朝所继承。埃塔那王是牧人出身，这种职业的王在洪水前及其后的王朝中都偶有所见。

基什作为洪水之后第一个获得王权的城邦，在早王朝时期有着崇高的地位，后世多个其他城邦的王自称"基什之王"，如乌鲁克第二王朝的恩沙库什安那等。根据考古发掘，基什在捷姆迭特那斯尔时期开始出现比较大型的建筑，其中最重要的是发掘出宫殿 A，那是早王朝时期最早的非神庙大型建筑。

从最后两个王恩美巴拉格西、阿伽开始，有了文字的印证，一个花瓶碎片上刻有恩美巴拉格西的名字，而阿伽的史料则已经相对丰富。史诗《吉尔伽美什与阿伽》有如下生动形象的记载：基什王阿伽（恩美巴拉格西之子）派使者前往乌鲁克向吉尔伽美什下了最后通牒。乌鲁克王吉尔伽美什先后向城中的长老和年轻人问计，他们分别主张妥协和迎战。吉尔伽美什采纳了年轻人的主战意见，奋起迎战前来围困乌鲁克的基什军队，并俘虏了阿伽。

阿伽、吉尔伽美什和乌尔第一王朝的开创者美斯安尼帕达的王名在乌尔和尼普尔都有发现，他们都参与了杜马尔神庙的修建，三位王可能是前后相继或同时存在的，可以作为早王朝三期早段的代表性王[①]，另外，未见于王表的拉伽什第一王朝首王乌尔南希也与美斯安尼帕达同时存在。乌尔是距今 4600—4000 年前最重要的城邦之一，在乌尔遗址发掘出的乌尔王陵是苏美尔文明中最令人震撼的发现。乌尔第一王朝之后又建立了乌尔第二王朝，不过在王表中，乌尔建立的前两个王朝均仅延续了 4 代，也相对比较短命，各个王也没有流传下来太多特别的事迹，显然与其突出的考古成果（尤其是王陵资料）不太相符。

　　2. 乌鲁克第一王朝、乌尔第一王朝（年代大致属早王朝二期偏晚至三期早段）

　　根据王表记载，乌鲁克第一王朝的前四王之后才是吉尔伽美什，因而乌鲁克第一王朝的前五王与基什第一王朝在时间上是共存的。乌鲁克第一王朝历十二王共 2310 年，其中，前五王中的三个王恩美卡、卢伽尔班达、吉尔伽美什最为出名。兹将前五位的相关重要信息摘录如下：第一王美斯基阿伽舍尔号称是太阳神乌图之子，既是大祭司又是王，在位 324 年，"曾下过大海，上过山"；美斯基阿伽舍尔之子恩美卡，是建筑乌鲁克之人，在位 420 年；神卢伽尔班达是一个牧人，

---

① 塞顿·劳埃德：《美索不达米亚考古》，杨建华译，文物出版社，1990 年。

在位 1200 年；神杜木吉则是"一个渔夫（？），其城为库阿（按：埃利都附近）"，在位 100 年；神吉尔伽美什是"库拉巴的大祭司"，在位 126 年。

目前发现的早王朝至阿卡德时期史诗共有 9 部，均与第二王恩美卡、第三王卢伽尔班达和第四王吉尔伽美什三位国王有关，即《恩美卡与阿拉塔之王》《恩美卡与恩苏克什达纳》《卢伽尔班达与恩美卡》《卢伽尔班达与胡鲁姆山》《吉尔伽美什与阿伽》《吉尔伽美什与胡瓦瓦》《吉尔伽美什、恩启都与阴间》《吉尔伽美什与天牛》《吉尔伽美什之死》[①]。

恩美卡、卢伽尔班达的史诗，讲述的内容都与乌鲁克和阿拉塔（可能位于伊朗西南部）的斗争有关。其中《恩美卡与阿拉塔之王》长达 600 多行，讲述了乌鲁克第一王朝第二王恩美卡（略早于吉尔伽美什）与可能位于伊朗的阿拉塔王国之间的智斗以及乌鲁克远征阿拉塔的故事。

---

① 拱玉书：《升起来吧！像太阳一样——解析苏美尔史诗〈恩美卡与阿拉塔之王〉》，昆仑出版社，2006 年。

《吉尔伽美什史诗》片段
（引自苏珊·鲍尔《古代世界史》）

　　吉尔伽美什是最有名的英雄人物，9部史诗中有5部与吉尔伽美什有关，他击败阿伽，终结了基什第一王朝。无疑，关于吉尔伽美什的故事得到广泛的流传，最终在古巴比伦时期被编撰成著名的《吉尔伽美什史诗》。

　　值得注意的是，王称神的现象，除了洪水之前的一个王，以及在

古巴比伦时期赤陶雕像中的吉尔伽美什形象

（引自拱玉书《西亚考古史》）

早王朝之后的阿卡德帝国和乌尔第三帝国三个王朝时期，只在乌鲁克第一王朝中出现，卢伽尔班达、杜木吉、吉尔伽美什的名字前均被冠以神的前缀，第一王美斯基阿伽舍尔也被认为是太阳神乌图之子。神化王权很有可能正是从这个时候开始的。

　　无论是考古发现，还是英雄史诗的描述，还是王称神的现象，都充分说明了乌鲁克在苏美尔早王朝时期的重要历史地位。

　　乌鲁克第一王朝之后为乌尔第一王朝（四王共 177 年），第一位王是美斯安尼帕达，据王表记载在位 80 年。

乌尔王美斯安尼帕达所建神庙的门楣

（引自布朗《苏美尔：伊甸园的城市》）

3. 阿万第一王朝、基什第二王朝、哈马奇王朝、乌鲁克第二王朝、乌尔第二王朝、阿达布王朝、马里王朝、基什第三王朝、阿克沙克王朝（属早王朝三期早段至晚段）

乌尔第一王朝之后，经历了阿万第一王朝（三王共 356 年）、基什第二王朝（八王共 3195 年）、哈马奇王朝 [一王共 6（？）年]、乌鲁克第二王朝（三王共？年）、乌尔第二王朝（四王共 116 年）、阿达布王朝（一王共 90 年）、马里王朝（六王共 136 年）、基什第三王朝（一王共 100 年）、阿克沙克王朝（六王共 99 年）。

以上 9 个王朝绝大部分王都没有在王表中留下特别的事迹，除了基什第三王朝的唯一一个王库巴巴，据称她是"一个卖酒妇，奠定基什基础的人"，在位 100 年。

阿万属于埃兰文明，位于伊朗西南部。阿达布位于尼普尔东南。马里位于亚述地区，是早王朝时期获得王权的最北的城邦。阿克沙克位于阿卡德北部。哈马奇位置不明。

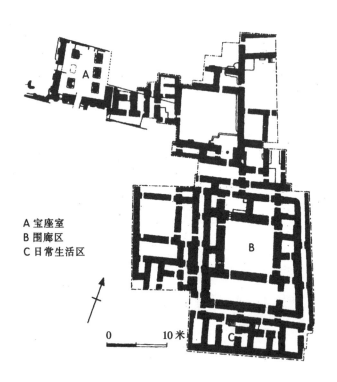

A 宝座室
B 围廊区
C 日常生活区

0   10 米

马里早王朝三期晚段宫殿

（引自哈里特·克劳福德《神秘的苏美尔人》）

马里出土的石雕像（引自拱玉书《西亚考古史》）

马里出土的神庙管理员石雕像（左）

马里出土的女神石雕像（右）

4. 基什第四王朝和乌鲁克第三王朝［属早王朝三期晚段（末段）］

　　基什第四王朝（七王共 491 年）的王大多数没有留下事迹，开创
者普祖尔新是基什第三王朝王库巴巴之子，第二王是乌尔扎巴巴。萨

尔贡最开始即是乌尔扎巴巴的持杯官，后因威胁到乌尔扎巴巴的统治而遭到迫害。

乌鲁克第三王朝（一王共 25 年）是早王朝政治史上最具开创精神的王朝。早王朝末期，距今 4350 年前后，篡夺了温马王位的卢伽尔扎吉西，击败了拉乌鲁克、乌尔、伽什和基什，在他奉献给尼普尔恩利尔神庙的铭文中记述道："恩利尔，万国之王，赐给他苏美尔的王权，使所有国家都匍匐在他的脚下，使从日出到日落的国家都臣服于他。那时，他自下海沿底格里斯河和幼发拉底河而上，直至上海，从日升处到日落处，恩利尔使他无敌于天下。"[1] 从这篇铭文中可以看出，卢伽尔扎吉西似乎征服了从波斯湾到地中海的整个美索不达米亚地区，不过好景不长，他很快就被塞姆人萨尔贡击败而宣告失败。

（三）阿卡德时代

1. 阿卡德帝国（约公元前 2334—前 2191 年）

根据王表，阿卡德王朝历代王的次序如下：萨尔贡——其（父）

---

[1] 拱玉书：《升起来吧！像太阳一样——解析苏美尔史诗〈恩美卡与阿拉塔之王〉》，昆仑出版社，2006 年。

阿卡德王铜像
（引自布朗《苏美尔：伊甸园的城市》）

是一个椰枣园丁，（他本人曾是）乌尔扎巴巴的持杯官，阿卡德之王，
建阿卡德城之人，王 56 年；萨尔贡之子里姆什，王 9 年；里姆什之
兄萨尔贡之子玛尼什吐苏，王 15 年；玛尼什吐苏之子纳拉姆辛，王
37（？）年；纳拉姆辛之子沙尔卡里沙里，王 25 年。萨尔贡是伟大
的帝国创建者，他组建了常备军，击败乌鲁克王卢伽尔扎吉西，征服
乌尔和拉伽什，统一了整个美索不达米亚地区。

玛尼什吐苏石碑

（引自布朗《苏美尔：伊甸园的城市》）

纳拉姆辛记功碑

（1898 年出土于苏萨，引自李建群《古代埃及和美索不达米亚美术》）

出土于尼普尔的意见铭文上记载了萨尔贡俘虏乌鲁克卢伽尔扎吉西的事件："阿卡德的君主，这个国家的君王萨尔贡将乌尔变为废墟，毁坏了它的城墙。他与乌尔人作战，征服他们；他与乌鲁克的国王卢伽尔扎吉西作战，俘虏了他，并给他套上颈枷，带往尼普尔。"[①]

阿卡德之后出现了较长时间的政治混乱时期，王表记载："谁是王？谁不是王？"，十一王共 181 年，各个王在位时间都很短，且不少连名字都没有留下。

2. 乌鲁克第四王朝、库提部落（约公元前 2200—前 2116 年）

乌鲁克第四王朝（五王共 30 年）、库提部群（二十一王共 91 年零 40 天），各王在位时间极短，未留下重要事迹。

3. 乌鲁克第五王朝、乌尔第三王朝（公元前 2112—前 2004 年，又称乌尔第三帝国）

乌鲁克第五王朝（一王共 7 年零 6 个月 15 天）乌图黑伽尔俘虏

---

① 戴尔·布朗:《苏美尔: 伊甸园的城市》，王淑芳译，广西人民出版社，2002 年。

了库提王提里干，将库提人驱逐出苏美尔，并派其弟乌尔纳木驻守乌尔。

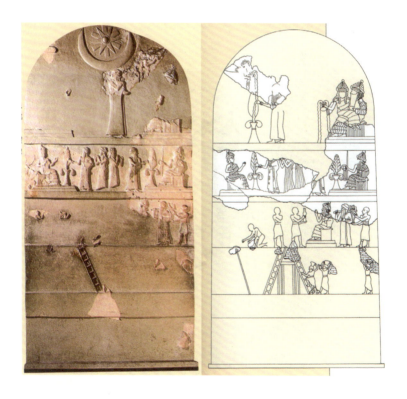

乌尔纳木石碑

（引自布朗《苏美尔：伊甸园的城市》）

　　乌尔第三帝国（五王共108年）乌尔纳木取代乌图黑伽尔，击败拉伽什第二王朝，创建了苏美尔人的第一个帝国，最后被埃兰人打败。各王次序如下："（在）乌尔，神乌尔纳木为王，王18年；神乌尔纳木之子神舒尔吉，王48年；神舒尔吉之子神布尔辛，王9年；神布尔新之子舒辛，王9年；舒辛之子伊比辛，王24年。"

携带建筑神庙工具的乌尔纳木

（引自哈里特·克劳福德《神秘的苏美尔人》）

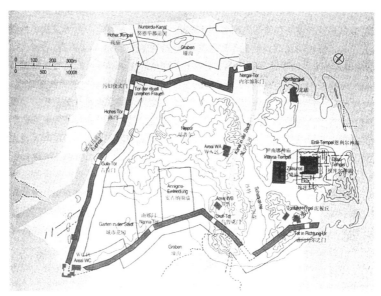

尼普尔城址及乌尔纳木建造的恩利尔神庙远景

（引自拱玉书《西亚考古史》）

尼普尔城址平面图（上）　恩利尔神庙（下）

乌尔第三帝国时期是苏美尔文学的鼎盛时期，各位王都留下了大量的文献和遗迹。乌尔纳木是乌尔第三帝国的创建者，他留下了人类历史上最早的法典《乌尔纳木法典》，还统一了度量衡，同时在乌尔和乌鲁克建立了最早的真正意义上的塔庙。其子舒尔吉继承王位，留下了数十几万字的经济文献。这一时期甚至还出现了学校一词，意为"分配泥板的屋"，以及类似校长、学生、助教的词汇[1]。大致同时的拉伽什第二王朝的古地亚圆柱铭文长达 2500 行，堪称鸿篇巨制。

随着来自东边的阿摩利人的侵扰和埃兰人的袭击，伊比辛被俘，乌尔第三王朝灭亡。

4. 被遗漏的拉伽什第一王朝（早王朝三期早段）

拉伽什第一王朝包括九位王，统治拉伽什达 200 年之久，其中第一王乌尔南什、第二王阿库加尔、第三王埃安纳吐姆、第四王埃纳纳吐姆、第五王恩铁美那、第六王埃纳纳吐姆二世属同一家族，父死子继为主要的继承方式；第七王恩恩塔尔基、第八王卢伽尔安达、第九王乌鲁伊宁基那则可能属另一家族。拉伽什王朝在苏美尔王表中

---

[1] 拱玉书：《日出东方：苏美尔文明探秘》，云南人民出版社，2001 年。

没有记载，但考古发现了大量铭文。乌尔南什有 50 多个比较短的铭文，内容包括建神庙、塑神像、开运河等。埃安纳吐姆在位时曾迫使温马屈服，并击败了基什、阿克沙克、马里、埃兰、苏巴尔图等，号称"基什之王"，称霸苏美尔南部，共有 70 多篇铭文与他有关，最有名的就是埃安纳吐姆鹫碑，碑分正反两面，其上主要琢刻了拉伽什城邦的保护神宁吉尔苏的形象以及鹫啄食敌人尸体的场景，可能用来纪念拉伽什击败温马这一历史事件。恩铁美纳铭文记载了温马和拉伽什之间旷日持久的土地和水源争端。乌鲁伊宁基是拉伽什王朝的最后一位国王，根据铭文，他为了挽救王朝的颓势，进行了人类有史以来第一次社会改革，遗憾的是，他的改革似乎没有收到成效，拉伽什最后被温马国王卢伽尔扎吉西击败，后者开创了乌鲁克第三王朝，并进行了在苏美尔地区创建帝国的首次尝试[1]。

---

[1]　拱玉书：《日出东方：苏美尔文明探秘》，云南人民出版社，2001 年。

拉伽什王乌尔南什建造神庙

（左：引自布朗《苏美尔：伊甸园的城市》，右：引自哈里特·克劳福德《神秘的苏美尔人》）

拉伽什王埃安纳图姆鹫碑

（引自布朗《苏美尔：伊甸园的城市》）

China and World in Liangzhu Era

良渚时代的中国与世界

第二章　古埃及文明

一　尼罗河的赠礼

　　非洲北部是一片荒芜的撒哈拉沙漠，面积达 906 万平方千米，如果算作一个国家，在当今世界，其领土面积可以排在第五位，仅次于俄罗斯、加拿大、中国和美国。现代埃及位于非洲东北部、地中海南部，整个国境都是撒哈拉沙漠的一部分。尼罗河穿越撒哈拉沙漠，形成一条狭长的绿洲，现今埃及 90％以上的人口都居住在尼罗河谷地，说尼罗河即埃及，一点也不夸张。

　　尼罗河从南至北绵延 6670 千米，是世界上最长的河流，它有两条著名的支流——白尼罗河和青尼罗河。白尼罗河发源于非洲的第一大湖维多利亚湖，全长 3700 千米，是尼罗河最长的支流，水量丰富、稳定，但沿途水流平缓、气候炎热，蒸发量很大，流到尼罗河的水不多。青尼罗河全长 1450 千米，发源于埃塞俄比亚高原的塔纳湖附近的阿贝河。这两条支流在苏丹的喀土穆一带汇合成尼罗河，并在喀土穆以北 250 千米处接纳了最后一条支流——同样发源于埃塞俄比亚高原的阿特巴拉河。青尼罗河和阿特巴拉河从每年 6 月开始涨水，9 月初达最高水位，11、12 月份水位回落，这种季节性的洪水为尼罗河河谷带去大量肥沃的淤泥。从喀土穆到阿斯旺全长 1850 千米，落差达 290 米，河道蜿蜒曲折，水流湍急，暗礁密布，形成无法通航的六个瀑布区，最北部的第一瀑布区位于阿斯旺，大多数时候这里也成为古埃及的自然边界，也是与活跃于苏丹平原的努比亚王国之间的天然屏障。

　　阿斯旺以北的尼罗河又称埃及尼罗河，全长 1000 余千米。从阿斯旺至开罗，河道畅通无阻，沿途没有再接纳支流，水流平缓，河谷宽展平坦，两岸分布有宽 2.4—13 千米的泛滥平原，面积约 11 万平方千米，这一区域习惯上被称为上埃及。河谷以外就是广阔的、不适合人居住的沙漠高原。在埃及南部的基纳地区，尼罗河形成一个明显的 U 形转弯，从这里通过哈玛玛特旱谷可以直达红海，这在古王国时期甚至早至涅伽达时期就是一条重要的交通孔道。开罗往北，尼罗河分为若干分汊，分别流入地中海，形成面积约 2.4 万平方千米的尼罗河三角洲，这一区域习惯上被称为下埃及。尼罗河三角洲地势平坦、沼泽密布、河道纵横，盛产纸莎草，是古埃及人与近东和爱琴海地区交流和贸易的基地。

　　上埃及和下埃及是孕育古埃及文明的摇篮。

　　尼罗河在每年 6—10 月都会定期泛滥，给尼罗河两岸带来厚厚的富含矿物质的淤泥，为古埃及人种植小麦、大麦等农作物提供了肥沃的土壤，洪水过后形成的大小池塘则成了重要的灌溉水源。因此，古埃及人并不需要在农作中投入太多的劳力，就能获得相当可观的产量，对此希罗多德有很详细的记载：

> 他们比世界上其他任何民族……都易于不费什么劳力而取得大地的果实，因为他们要取得收获，并不需要用犁犁地，不需要用锄掘地，也不需要做其他人所必须做的工作。那里的农夫只需等河水自行泛滥出来，流到田地上去灌溉，灌溉后再退回河床，然后每个人把种子撒在自己的土地上，叫猪上去踏进这些种子，此后便只是等待收获了。[1]

尼罗河也是古埃及人最重要的交通要道，尼罗河流域盛行北风，"即使逆流行船，只需张开风帆，也可以顺利快捷地从下游航行到上游地区，顺流而下就更方便了，只需收起风帆就可以快速航行了"[2]，据希罗多德介绍，从尼罗河三角洲南部边缘到底比斯，大概只需要航行 9 天时间。尼罗河是古埃及文明的生命之河，太高的水位和太低的水位都会给古埃及人带来灾难，在一首完成于公元前 2100 年前后的

------

[1] 希罗多德：《历史》，王以铸译，商务印书馆，2010 年。
[2] 温静：《尼罗河的赠礼》，商务印书馆，2014 年。

尼罗河颂歌中这样写道：

> 向您致敬，啊，尼罗河！您在这块土地的每个地方，给埃及带来生命！在庆祝节日的时日，您神秘地从黑暗中出现！您浇灌拉神创造的果园，使所有牛能够生存，令大地畅饮，永不枯竭！您来自天空，喜爱塞伯的面包和内派拉的第一批水果，您使普塔的作坊兴旺！……①

正如公元前 5 世纪的希腊历史学家希罗多德（约公元前 484—前 430/420 年）恰如其分指出的，埃及是尼罗河的赠礼。

---

① 温迪·克里斯坦森：《古代埃及帝国》，郭子林译，商务印书馆，2015 年。

二 从文化到文明

　　古埃及文明前后延续了约 3000 年，并在公元前 3 世纪之后，伴随着一波又一波不同外族的入侵而逐渐消亡。公元前 343 年波斯帝国入侵古埃及，建立了最后一个王朝——第三十一王朝，公元前 332 年亚历山大帝国征服古埃及，随后亚历山大的部将在埃及建立了托勒密王朝（公元前 305—前 30 年），这段历史被称为希腊统治时期。罗马帝国和拜占庭帝国相继于公元前 30—公元 395 年和公元 395—641 年统治古埃及。阿拉伯入侵使古埃及文明的遗脉彻底消失，埃及成为阿拉伯世界的一部分，并保持至今，目前埃及 90% 以上的人口信奉伊斯兰教。古埃及文字逐渐成为无人认识的"死文字"，这一段辉煌的历史只在曼涅托的《埃及史》和希罗多德的《历史》等著作中留下了少量记载。不过，尼罗河两岸保留下来了大量金字塔、神庙等宏伟的地上建筑，而墓葬中埋藏的大量珍宝很早就吸引了西方人的注意。古埃及文明的发现经历了以下几个重大阶段[1]。

....

① 刘文鹏：《埃及考古学》，生活·读书·新知三联书店，2008 年。王海利：《法老与学者——埃及学的历史》，北京师范大学出版社，2010 年。

第一阶段：16 世纪—1822 年，学术考察活动的兴起

16 世纪开始，就有许多欧洲人到埃及调查古迹和收集文物，并发表了不少游记甚至比较专业的考察论著，最有代表性的有英国天文学家约翰·格里夫斯在 1638—1639 年考察了吉萨地区后于 1646 年发表的《金字塔学，埃及的金字塔论考》一书。英国主教理查德·博科克（1704—1765）则考察了达舒尔和萨卡拉的金字塔。这类带有明确学术目标的考察活动在拿破仑远征埃及时达到巅峰，1798 年，德努和乔马德出版了相关著作，在西方世界引起了对古埃及文明的极大兴趣。

第二阶段：1822—1895 年，埃及学的诞生及埃及古物的挖掘

1799 年，法国士兵在罗塞达修建要塞时，无意中发现了一块雕刻有圣书体、世俗体和希腊文字三种文字的石碑，正是这一类似字典的罗塞达石碑，成为破译古埃及文字的关键钥匙。法国学者商博良（1790—1832）破译圣书体（也就是通常所说的象形文字）被认为是埃及学诞生的标志。商博良是一个天才学者，1809 年他年仅 19 岁时就受聘为大学教授，历经十余年于 1822 年破译了古埃及文字。

罗塞达石碑
（引自李建群《古代埃及和美索不达米亚美术》）

　　这一阶段，对埃及古物的考察甚至古迹的清理工作日渐增多，各国学者纷至沓来。意大利人贝尔佐尼（1778—1823）从 1815 年开始三次到埃及调查神庙和古墓，发现了吉萨金字塔的入口，并挖掘了许多陵墓，盗取了大量的珍贵随葬品。德国学者莱比修斯（1810—1884）于 1842—1845 年调查了孟菲斯周边的金字塔，新发现 30 多座金字塔，调查了 130 座马斯塔巴墓。

第三阶段：1895 年之后，科学考古学的诞生

1836 年汤普森三期说的提出，奠定了现代考古学的基础。法国学者德摩尔根（1857—1924）发现了涅伽达墓地。在这个过程中，最具代表性的人物是法国学者马里埃特（1821—1881）和英国学者皮特里（1846—1916）。马里埃特主持了 30 多处遗址、300 多座马斯塔巴墓的清理工作，1858 年协助埃及政府组建了埃及古物局并任主管，1859 年筹建埃及博物馆并任馆长，使埃及的文物管理和展览步入正轨。马里埃特的学生和继任者马斯帕洛在萨卡拉发掘了第五、第六王朝金字塔，发现了最早的金字塔文，撰写了《埃及考古学》（1887年）。英国考古学家皮特里（1853—1943）建立了一套科学的发掘方法，发掘了涅伽达等重要遗址，并出版了大量发掘报告和著作，同时总结出序列断代法，这是类型学应用的早期典范，在学科史上具有重要的开创意义。因为这些贡献，皮特里本人被誉为埃及史前考古和早王朝的发现者，科学考古的创始人之一。

古埃及考古有着悠久的历史，古埃及文明是同时期最早得以揭示的古文明。从物质表象来看，在诸多古文明中，古埃及文明也无疑是最耀眼的那一个。希罗多德曾经感慨道："没有任何一个国家有这么多令人惊异的事物，没有任何一个国家有这么多的非笔墨所能形容的巨

大业绩。"[1] 古埃及人修建的金字塔、神庙等巨型建筑即使放在现在的条件下，也是修建难度极大的巨大工程。下面我们来简要回顾一下古埃及文明的形成过程。

公元前 5000 年前尼罗河谷地以外的沙漠地区还存在大片水草茂盛、湖泊密布的区域，其中西部沙漠区是埃及最早进入新石器时代的地区，在纳布塔沙漠盆地等发现一些狩猎采集居住形成的遗址，规模都较小。随着公元前 5000 年以后的持续干旱，沙漠地区逐渐变得不适宜人居住，人口向狭长的尼罗河谷地区集中[2]。西撒哈拉的狩猎采集文化，努比亚地区的喀土穆文化，以及来自近东的大麦、小麦、绵羊、山羊、铜器等文化因素共同推动了尼罗河河谷的新石器化进程。

（一）巴达里时期

公元前 5000—前 4000 年可称为巴达里时期，包括稍早的塔萨文化和稍晚的巴达里文化。巴达里文化分布于上埃及，发现有四五十处遗址，都是小型的村落。当时的人蓄养山羊、绵羊、牛、猪等家畜，

① 希罗多德：《历史》，王以铸译，商务印书馆，2010 年。
② 刘文鹏：《埃及考古学》，生活·读书·新知三联书店，2008 年，第 15 页。

种植大麦、小麦等农作物。当地发现了墓葬 600 余座，随葬有磨光蛋壳陶、石质调色板（用于制作化妆用的粉末）、穿孔贝壳串饰和象牙或河马牙制作的梳子、镯子、珠子、女性小雕像等，还有小型的铜制工具及装饰品但数量极少。用采自东西沙漠高地的滑石、碧玉、玉髓制成的珠子颇具特色，而铜可能来自黎凡特或西奈半岛，说明巴达里文化已经与外界建立了初步的文化和贸易往来[①]。从随葬品来看，当时已经出现初步的社会分化和贫富分化，但社会成员之间总体还是相对比较平等。这一时期古埃及人口据估算约有 10 万人。大致同时期在法尤姆和下埃及地区还分布有公元前 5000—前 4000 年的麦里姆达文化和公元前 4000 年前后的法尤姆 A 文化等，其中麦里姆达遗址面积最大，达 18 万平方米，下埃及的同时期文化墓葬中往往无随葬品，与巴达里文化有明显差别。

······

① Mark Samuel, *From Egypt to Mesopotamia: A Study of Predynastic Trade Routes Studies in Nautical Archaeology*, Texas A&X University Press，1997.

（二）涅伽达时期

公元前 3900 年后进入涅伽达时期，涅伽达时期以皮特里于
1895—1896 年发掘的涅伽达遗址命名。同时期下埃及分布有奥玛里
文化和马阿底文化。20 世纪初，皮特里采用了序列断代法，按照器
物的演变关系将以涅伽达等遗址为代表的涅伽达文化分为三期，后来
以维尔纳·凯泽（1957）和 Hendrix 等为代表的学者对分期进行了调
整和细化，得出了三期 11 段的分期方案[1]，基本可达到 100 年 1 段，
其中 ⅡD、ⅢA 和 ⅢC 还各细分成 2 个小段。涅伽达三期相当于零
王朝和早王朝的第一王朝，政治的变化并没有带来同步的陶器传统的
变革。

> 涅伽达一期文化
>
> 1 段（ⅠA）公元前 3900—前 3800 年
> 2 段（ⅠB）公元前 3800—前 3700 年
> 3 段（ⅠC）公元前 3700—前 3600 年

---

[1] Emily Teeter ed., *Before the Pyramids*, Chicago: The University of Chicago, 2011.

涅伽达二期文化

1 段（ⅡA）公元前 3600—前 3500 年

2 段（ⅡB）公元前 3600—前 3400 年

3 段（ⅡC）公元前 3400—前 3300 年　希拉康坡里斯画墓 M100

4 段（ⅡD1 及ⅡD2）公元前 3300—前 3200 年

涅伽达三期文化

1 段（ⅢA1 和ⅢA2）公元前 3200—前 3100 年　阿拜多斯 U-J 墓属
ⅢA2 期。

2 段（ⅢB）公元前 3100—前 3000 年　相当于零王朝。

3 段（ⅢC1、ⅢC2 及ⅢD）公元前 3000—前 2850 年　相当于早王
朝第一王朝，下限或可达第二王朝。

1. 涅伽达一期文化

涅伽达一期文化的年代为公元前 3900—前 3600 年，这一时期古
埃及进入了快速发展的新阶段，是城市化和文明化的重要时期，开始
出现希拉康坡里斯、涅伽达、阿拜多斯等多个区域中心聚落，古埃及
人口增加到约 25 万人，聚落内部功能区分明显，有单独的贵族墓地，

	Kaiser 1957, 1990		Hendrickx 1989, 1996, 1999, 2006a		
	–	–	Naqada IIID	no cylindrical jars	
	50t	Stufe IIIc3	Naqada IIIC2	50 b–c, h–t	
	50 d	Stufe IIIc2	Naqada IIIC1	50 d–g	
48s 48t 49g 49l	48 s, t / 49 d, l 50 d	Stufe IIIc1	–	–	
48s 48t 49g 49l	48 s, t / 49 d, l	Stufe IIIb2	–	–	
47b 47d 47f 47h	47	Stufe IIIb1	Naqada IIIB	47 r–t / 48 s 49 d, g	48s 48t 49d 49g
	W 50 / W 51 a W 55 / W 56 g W 61 / W 62	Stufe IIIa2	Naqada IIIA2	W 55 / W 58 W 60 / W 61 W 62	
	–	–	Naqada IIIA1	W 49 / W 50 W 51 / W 56 a, g	
	W 41 / W 43 b W 47 g	Stufe IIIa1	–	–	
	W 41 / W 43 b W 47 g	Stufe IId2	Naqada IID2	W 41 / W 42 W 43 b / W 47 a, g W 47 m	
	W 24 / W 25	Stufe IId1	Naqada IID1	W 24 / W 25 W 27	
	W 3 / W 19	Stufe IIc	Naqada IIC	W 3 / W 19	

涅伽达 Ⅱ C 至 Ⅲ D 陶器演变标尺

（引自 Stan Hendrickx，"Sequence Dating and Predynastic Chronology"，*Before the Pyramids*）

表明独立的贵族阶层已经出现，正式进入阶层社会的发展阶段，这些中心聚落或可称为雏形城市。

希拉康坡里斯是当时数一数二的大型城邑，前王朝时期的遗存零散地分布在南北 2.5 千米、东西 3 千米的范围内，由众多居住区、墓地、作坊区、仪式中心组成，功能区划相当明显。作坊区内发现公元前 3600 年的大规模酿酒作坊。居住区中发现面积超过 1 万平方米的木栅围栏，其内有大型行政或宫殿类建筑及各种作坊。仪式中心长 45 米、宽 13 米，是一处椭圆形的带围墙的场地，周边发现大量祭祀坑，坑内发现数以千计的家畜、鱼的尸骨和鳄鱼、河马、羚羊等野生动物的尸骨。贵族墓地集中分布，自成一体，并得到比较完整的揭示，其年代为公元前 3800—前 3500 年，大墓上建有围栏围护，并附有陪葬墓及大量动物埋葬坑，遗址中还发现鹰隼小雕像，说明希拉康坡里斯很早就是祭祀荷鲁斯神的中心[1]。

---

[1] Renee Friedman, "Hierakonpolis", Emily Teeter ed., *Before the Pyramids*, The University of Chicago Press, 2011.

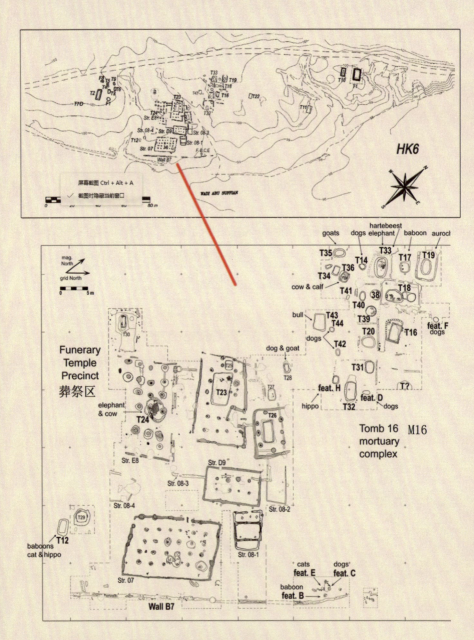

希拉康坡里斯遗址 HK6 地点涅伽达一期的贵族墓地及葬祭区

（引自 Renee Friedman, "Hierakonpolis", *Before the Pyramids*）

在希拉康坡里斯发现了涅伽达一期最大的墓葬 M16（属 I C－II A，约公元前 3650 年前后），该墓规格为 4.3 米 ×2.6 米，深达 1.45 米，随葬品包括 115 件陶罐及 2 件陶面具，边上陪葬有 13 座墓葬、共 36 个个体，以及一系列陪葬的动物埋葬坑，包括非洲象 1 头、野牛 1 只、大羚羊 1 只、河马 1 只、狒狒 3 只、家牛 3 头、大山羊 2 只、狗 27 只和猫 6 只等。这座墓葬堪称最早的王墓。

涅伽达遗址也是一处重要的区域中心聚落，皮特里在 3 个月时间内清理了 2000 多座涅伽达时期的墓葬（推测共有 15000 座墓葬），死者被埋葬在椭圆形墓坑中，并以柴草和坟堆掩埋和覆盖，头朝南、面向西，采取屈肢葬，随葬品包括大量陶器、石器和调色板、陶质及象牙质雕像、石容器。其中涅伽达一期末段出现一些象征权力的遗物和符号，如涅伽达 M1546 出土的权标头及荷鲁斯王衔符号、涅伽达 M1610 出土的红色王冠符号等，显示这一时期已出现了较明显的社会分化，社会成员之间的不平等加剧，产生了初步的王权思想。

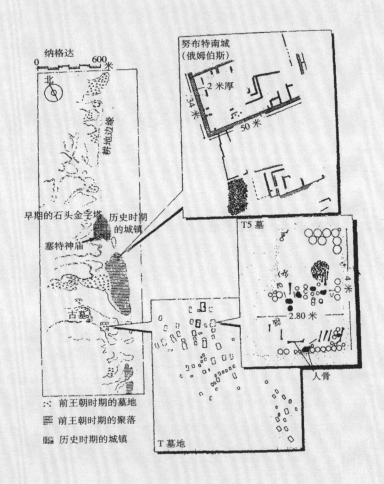

纳格达

0   600
      米

北

努布特南城
（俄姆伯斯）

2米厚

34
米

50 米

早期的石头金字塔
塞特神庙

历史时期
的城镇

古墓

T5墓

4
米

2.80 米

人骨

T 墓地

⋮ 前王朝时期的墓地
☷ 前王朝时期的聚落
▥ 历史时期的城镇

涅伽达遗址平面图

（引自克姆普《解剖古埃及》）

　　在阿拜多斯 U 墓地的 M239
（涅伽达一期）中出土了一件深腹
陶罐，其上刻划了多组图案，4 个
大人物占据画面的中心，他们手执
权杖或高举双手，头上和腰上有长
长的饰物，大人物边上各有 2 个小
型化的人物形象，他们双手被缚，
处于从属地位，可能是俘虏，这是
后来希拉康坡里斯 M100 壁画及那
尔迈权标的王权叙事艺术的来源①。

　　下埃及同时期的文化有公元前
4000—前 3750 年的奥玛里文化，
但墓葬中往往无随葬品。大致在涅
伽达一期偏晚阶段，努比亚地区出
现了受到涅伽达一期文化影响较深

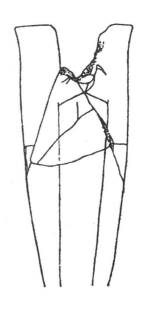

涅伽达 M1546 陶器上的王衔标志（引
自刘文鹏《埃及考古学》）

①　Stan Hendricks, "Iconography of the Predynastic and Early Dynastic Periods", Emily Teeter ed., *Before the Pyramids*, The University of Chicago Press, 2011.

的 A 墓地文化（A-Group grave）。马阿底文化是奥玛里文化的后继者，广泛分布于下埃及地区，年代为公元前 3750—前 3400 年，这一文化受到涅伽达一期文化和二期文化的强烈影响，并与黎凡特地区有着密切的来往。马阿底遗址是同时期古埃及面积最大的遗址，达 18 万平方米，只不过从目前遗址的考古资料还看不到城市化的迹象。

2. 涅伽达二期文化

涅伽达二期文化的年代为公元前 3600—前 3200 年，上埃及的几个比较强大的中心聚落相互竞争，最终形成三个城邦，即希拉康坡里斯、涅伽达和阿拜多斯[1]。在涅伽达二期文化晚期（ⅡC 和ⅡD，公元前 3400 年开始），希拉康坡里斯持续发展壮大，并完成了上埃及地区的政治整合，形成较统一的区域性王国，或称之为上埃及联邦[2]。上埃及王国向北部的下埃及扩张，使分布于下埃及的马阿底文化消失，布陀、埃尔－法尔克罕等遗址的本地文化都被涅伽达二期文化取代，上

[1] 巴里·克姆普：《解剖古埃及》，穆朝娜译，浙江人民出版社，2000 年，42 页。
[2] Branislav Andelkovic, "Political Organization of Egypt in the Predynastic Period", Emily Teeter ed., *Before the Pyramids*, The University of Chicago Press, 2011.

下埃及在文化上达到了统一。涅伽达二期文化对黎凡特、西奈半岛也产生了很大的影响，也正是在这一时期，古埃及出现了少量与美索不达米亚地区一样的陶器，包括单环把罐、单环把杯、带流罐和三角形扳手彩陶罐。在涅伽达二期文化晚段（ⅡC至ⅡD），古埃及也出现了圆筒印章（可能是古埃及人直接引入或仿制于乌鲁克晚期），有学者设想，乌鲁克至早王朝时期，除了通过黎凡特外，也有可能会通过波斯湾、阿拉伯海、红海，并经哈玛玛特旱谷影响涅伽达文化[①]。

这时埃及开始出现类似王墓的大墓，希拉康坡里斯的100号墓（ⅡC）及涅伽达T墓地中的几座大墓是其中的重要代表。

涅伽达二期希拉康坡里斯100号墓（画墓）也是最早的王墓之一，属ⅡC期，约为公元前3400—前3300年，为长方形竖穴状，泥砖砌筑而成，墓室长4米、宽2米、深1.5米，墓室中间有半道隔墙，把墓室分为两间。该墓被盗掘，仅出土32件陶器、石器。由于墓室

---

① 李海峰：《古代近东文明：古代两河流域、古埃及、波斯等古文明探析》，科学出版社，2014年。Mark Samuel, *From Egypt to Mesopotamia: A Study of Predynastic Trade Routes Studies in Nautical Archaeology*, Texas A&X University Press, 1997.

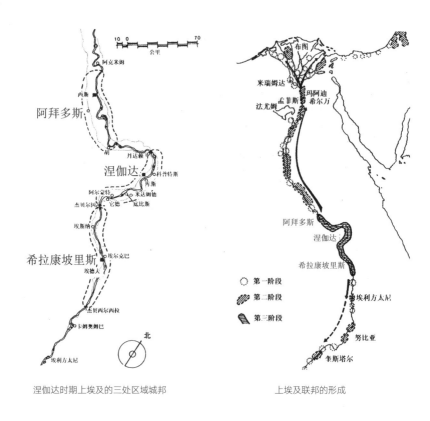

涅伽达时期上埃及的三处区域城邦　　　　　　上埃及联邦的形成

涅伽达时期上埃及地区的三处城邦及上埃及联邦的形成
(引自克姆普《解剖古埃及》)

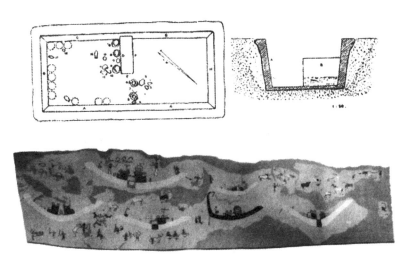

希拉康坡里斯 M100 画墓
（引自刘文鹏《埃及考古学》）

的部分墙壁有绘画装饰，该墓又被称为画墓，绘画内容表现的是埃及
人对外来入侵者的胜利反击，同时也描绘了高大人物进行祭祀活动及
举起权标捶打俘虏的内容，充分说明当时的王掌握了军事和祭祀的权
利[1]。涅伽达 T 墓地中的几座大墓如 T5 墓也被认为是这一时期的王墓，
T5 墓还有人殉，遗憾的是，关于这几座大墓的资料发表并不全面。

---

[1]　刘文鹏：《希拉康坡里斯画墓及其壁画》，《内蒙古民族师院学报·哲学社
会科学版》，1992 年 1 期。郭子林：《古埃及王室墓葬与王权的形成、发展》，
《世界历史》，2010 年 2 期。

三 上下埃及之王

较早阶段的古埃及文明的一个重要特点是城市不发达（可能是考古工作和一些客观原因导致），而墓葬遗存相当丰富。在古埃及人的意识中，生前居住的房屋只是临时的短暂的居所，死后灵魂居住的墓室才是永久使用的，因此，古埃及人花费大量的精力来修建墓葬，并随葬丰厚的生活用品。这种厚葬习俗从巴达里时期就已出现，涅伽达一期和二期持续发展，在涅伽达三期、早王朝时期尤其是古王国时期进入高潮。通过对墓葬材料的梳理，可知古埃及王权诞生、强盛、衰落的历史过程。

（一）零王朝时期

涅伽达三期文化的早段被称为零王朝时期（公元前 3200—前 3000 年），晚段已进入早王朝时期。零王朝时期的政治中心从希拉康坡里斯转移到了阿拜多斯，此时上下埃及首次完成了政治上的统一，古埃及王国的势力达到近东的黎凡特一带，黎凡特地区有 40 处左右遗址中都出土了大量古埃及遗物。向近东的扩张在那尔迈时期达到了高峰，这条从尼罗河三角洲通往黎凡特地区的沿地中海通道被称作

"荷鲁斯之路"，同时向南也突破了第一瀑布，将王国的势力范围拓展
到第二瀑布一带[1]。这时期大致确定的王名包括伊赖－霍尔、King A、
King B、蝎子王、荷鲁斯鳄鱼、卡等，这些统治者的名字被刻划在陶
器、石器等遗物上，部分统治者的墓葬也已被发现，多为泥砖砌筑的
竖穴多墓室结构，如蝎子王Ⅰ的U-J墓。重要的、反映王权的文物也
多有发现，如猎狮调色板、公牛调色板、长颈兽调色板等。这一阶段
最重大的发现是首次发现文字，主要出自阿拜多斯U-j墓，文字绝大
多数为单个符号[2]。

　　涅伽达三期墓葬规模明显增大，随葬品更为丰富，这一时期最典
型的墓葬是阿拜多斯乌鲁卡伯U墓地中的U-j大墓，属Ⅲ A2期，年
代约在公元前3150年。U墓地范围为100米×200米，共清理了
120多座墓葬，发现较多的多墓室墓及较大的单墓室墓，其中U-j墓
最大，该墓共有12间墓室，长9.1米、宽7.3米，面积66.4平方米，
是希拉康坡里斯M100画墓的8倍有余，其墓葬已被盗掘，但仍出土

---

①　Branislav Andelkovic, "Political Organization of Egypt in the Predynastic Period", Emily Teeter ed., *Before the Pyramids*, The University of Chicago Press, 2011.
②　颜海英：《阿拜多斯U-j号墓发现的埃及早期文字》，《古代文明》第2卷，2002年。刘文鹏：《埃及考古学》，生活·读书·新知三联书店，2008年。

了数百件随葬品，包括大量装有葡萄酒、面包、油、肉的陶罐，以及石器、木器、骨器和象牙器。此外，墓中还出土了公元前3300—前3200年的象形文字，是埃及最古老的文字，这些象形文字多发现于墓中出土的175件骨质及象牙质的标签上。另外，部分陶器及陶制图章上也刻有象形文字，出现频率最高的符号是蝎子，因此，学者推测墓主为蝎子王Ⅰ，是前王朝时期的一位国王[①]。前王朝晚期大墓一般随葬数十件储存食物或饮料的陶器，装饰用的调色板、梳子、装软膏的石瓶等作为随葬品是大墓的特色，一般还会随葬大量燧石质和少量金属质的兵器和工具[②]。

古埃及文明中，王权的重要标志有王冠、王衔、权标头、调色板等，王冠和王衔一般以图像的形式出现在陶器、石器等器物上，权标头则是王权的直接载体。权标头最早产生于涅伽达一期文化末段，最初是一种武器，后来演变为古埃及王权的象征，发挥着类似权杖的作用。部分权标头上以浮雕的方式装饰有丰富的图像，内容包括象形文字和各种人物肖像、动植物图景，记录了当时的重大历史事件，突出

---

① 刘文鹏：《埃及考古学》，生活·读书·新知三联书店，2008年，第42-45页。
② 穆斯塔法·埃尔-埃米尔：《埃及考古学》，林幼琪译，科学出版社，1959年，第6-7页。

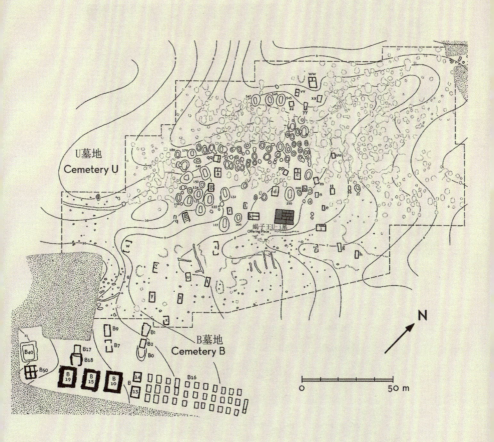

阿拜多斯乌鲁卡伯 U 墓地及 U-j 墓位置图

（引自 Gunter Dreyer, "Tomb U -j: A Royal Burial of Dynasty 0 at Abydos",

Before the Pyramids）

阿拜多斯乌鲁卡伯 U-j 墓及墓内出土的象形文字标签和陶罐
（引自刘文鹏《埃及考古学》）

彰显了王权的崇高以及王权在建立统治秩序上的作用 [1] 。这种特意彰显王权的图像艺术在同时期的古文明中独树一帜，与苏美尔文明特化神权的图像艺术截然不同。

蝎子王权标头出土于希拉康坡里斯，属涅伽达三期，其上刻有蝎子王主持开渠仪式或神庙奠基仪式的画面，蝎子王头戴白色王冠（上埃及国王的象征），其右上侧还刻绘了一排执旗的小人（已残，可辨两人），表示支持蝎子王的盟国，左侧刻有象征下埃及的纸莎草的形象，有学者推测蝎子王可能组织了对下埃及的征伐。

除了权标头，古埃及还有一种石板被称为调色板，其最初的功能是研磨化妆用的颜料，早在巴达里时期就已出现，到涅伽达三期前后一些调色板往往雕刻有反映战争和彰显王权的图像，而没有使用痕迹，说明其已经转变为记录重大历史事件的礼仪用品，如战场调色板、猎狮调色板、公牛调色板、长颈兽（双狗）调色板、利比亚调色板、那尔迈调色板等。

那尔迈调色板，高 63 厘米，正面为头戴白色王冠（表示上埃及）

....

[1]　刘文鹏：《古代埃及史》，商务印书馆，2010 年，第 67-72 页。

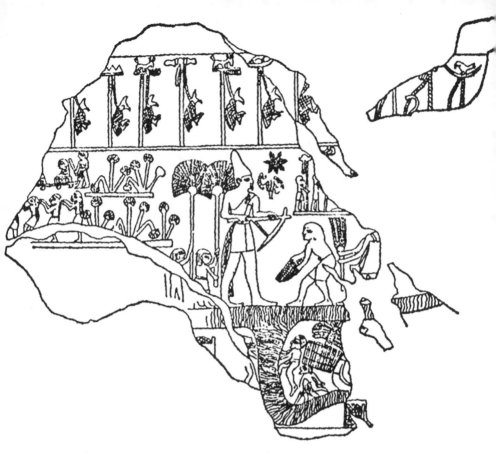

蝎子王权标头

（引自刘文鹏《埃及考古学》）

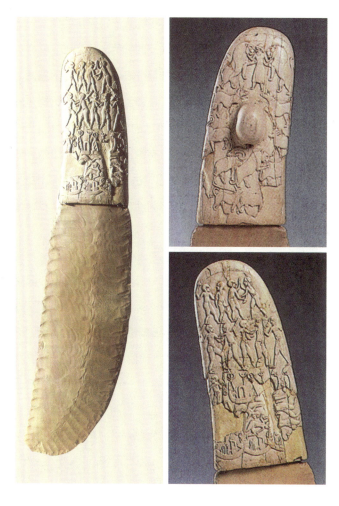

水陆攻战匕首

（引自李建群《古代埃及和美索不达米亚美术》）

的那尔迈进入下埃及的神庙，并手持权标头击打俘虏的画面；背面分为三栏，上栏为那尔迈头戴表示下埃及的红色王冠，正在视察被砍首的俘虏，中栏为纠缠在一起的长颈神兽，表示和谐统一的意图，下栏为象征国王的公牛进攻设防的城镇；在调色板中，那尔迈拥有分别代表上下埃及的两种王冠，是目前可确认的首位"上下埃及之王"。利比亚调色板可能也与那尔迈或蝎子王有关，其正面刻绘了带有鹤嘴锄的隼鹰、狮子、蝎子、双隼鹰等动物攻击以猫头鹰等为标志的城堡，赞扬蝎子王或那尔迈向外扩张的一系列胜利，背面刻有 3 排牲畜，分别为牛、驴、羊①。

宗教在古埃及的政治、经济、社会生活、建筑、艺术、文学等各个领域都发挥着非常重要的作用，进入文明阶段的古埃及的宗教本质上是一主多神宗教［仅新王国第十八王朝的埃赫那吞（公元前 1379—前 1362 在位）改革期间短暂出现了一神教的思想］。在古埃及文明中，王权和神权相互依存、相互转化，是一种对立统一的关系，神权依附于王权，王权受到神权的庇佑，二者之间的相互地位也存在一定的变动。从零王朝时期的图像资料（如那尔迈调色板）可知，王占据

----

① 刘文鹏：《古代埃及史》，商务印书馆，2010 年，第 97-102 页。

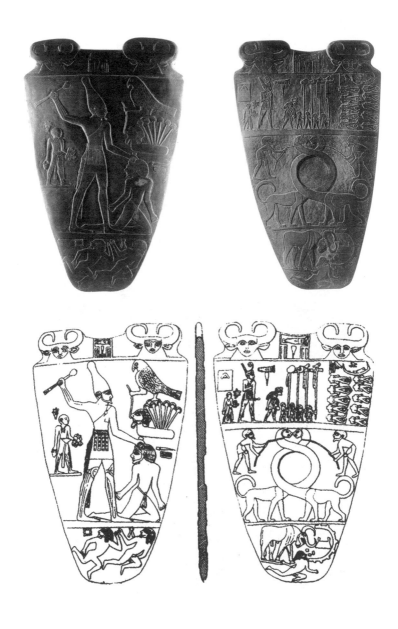

那尔迈调色板

（上：引自李建群《古代埃及和美索不达米亚美术》，下：引自刘文鹏《埃及考古学》）

长颈兽调色板（引自刘文鹏《埃及考古学》）

双狗调色板（引自李建群《古代埃及和美索不达米亚美术》）

利比亚调色板（引自刘文鹏《埃及考古学》）

着画面的主要部分，而神灵为从属部分，可见这一时期王权是一种主导性的力量，神权则是统治阶层维持其统治和地位的手段，这可作为这一时期的一个重要特征。

涅伽达一期文化和涅伽达二期文化时期，各个城邦都有着各自崇拜的地方神灵，如希拉康坡里斯祭祀荷鲁斯神，涅伽达则崇拜塞特神。随着零王朝时期希拉康坡里斯的国王那尔迈统一上下埃及，荷鲁斯神也一举成为整个埃及的主神，而涅伽达的塞特神则成为荷鲁斯神的对抗者。早王朝时期和古王国初期的王名中鹰神荷鲁斯的形象往往位于国王名字的顶端，因此荷鲁斯神无疑是王权的保护者。有意思的是，在早王朝时期，塞特神在第二王朝伯里布森在位时曾短暂地取代荷鲁斯，其继任者哈塞海姆时国王王名中荷鲁斯神与塞特神的形象是共存的，说明荷鲁斯神的主神地位也一度受到塞特神的挑战[1]。

① 巴里·克姆普：《解剖古埃及》，穆朝娜译，浙江人民出版社，2000年，第 61-62 页。

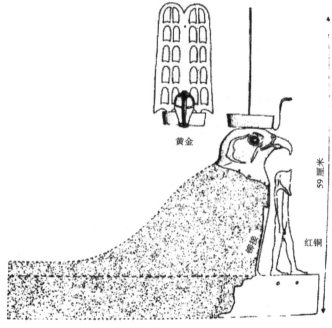

黄金

铆接

红铜

59 厘米

原来的木制身体

希拉康坡里斯出土的古王国时期荷鲁斯神形象

(引自克姆普《解剖古埃及》)

哈塞海姆雕像

（引自刘文鹏《埃及考古学》）

（二）早王朝时期

　　与早王朝时期（公元前 3000—前 2700 年）相关的考古成果更为丰富，研究者已大致建立起较完整的年表，发现了绝大多数国王的墓葬，这些国王被埋葬在马斯塔巴墓中。早王朝时期包括了第一王朝和第二王朝。早王朝初期古埃及人口达到 100 万。孟菲斯是古王国时期古埃及的都城，有可能在早王朝时期也是都城。考古学家曾经做过钻探，寻找到可能的早王朝时期孟菲斯的位置所在，疑似早王朝时期文化层之上覆盖有 4.5—5.5 米厚的堆积，由于缺乏考古发掘工作，早王朝时期乃至古王国时期孟菲斯的布局都还处于模糊不清的状态[①]。早王朝时期，尤其是古王国时期开始，各地兴建带有砖墙的小型城镇，城内一般都有神庙。希拉康坡里斯发展到早王朝和古王国时期才修建了不规则的长方形泥砖城墙，长 260—300 米、宽 190—220 米，面积很小，城内分布有荷鲁斯神庙和宫殿，该宫殿是唯一被保存下来的早王朝时期的宫殿，其中神庙区中清理出了一个被命名为"大宝藏"的祭祀物品堆积，其内发现了上百件从零王朝、早王朝时期至中王国时期的珍贵遗物，如双狗调色板、蝎王权标头、那尔迈调色板、那尔迈

---

① Toby Wilkinson, *Early Dynastic Egypt*, Routledge Press, 1999.

权标头等 [1]。需要指出的是，早王朝时期和古王国时期的宫殿和神庙绝大多数都是以泥砖而非石头砌筑而成，这与古王国时期以巨大石块砌筑国王陵墓金字塔的做法截然不同。

在提斯城附近的阿拜多斯和孟菲斯附近的萨卡拉发现了早王朝时期的大型马斯塔巴墓，根据墓中出土的带有国王荷鲁斯名字的石碑可知，这些大墓为王陵，结构复杂、规模巨大，包括地上建筑和地下建筑两部分，地上部分呈长方形平台状，分为多个贮藏间；地下部分也分为多个墓室，一般包括埋葬间和贮藏间，贮藏间内储存有食物和日用品，埋葬间通过竖井与位于地上的贮藏间相通，墓葬周边往往都有大量殉葬墓或陪葬墓。在位于上埃及的阿拜多斯乌鲁卡伯的 B 墓地内，埋葬了涅伽达三期的 2 个统治者伊赖—霍尔、卡，第一王朝的 8 个统治者及可能为哲尔妃子的海尔奈特，以及第二王朝的最后 2 位统治者帕里布森、哈塞海姆，这些墓葬的规模都比较大，占地面积往往达数百平方米甚至上千平方米。我们以第一王朝第五位国王登为例，登在阿拜多斯有一座编号为 T 的大墓，地上建筑已被毁，地下建筑为花岗岩砌筑的长方形墓坑，规格为 23.5 米 ×16.4 米，面积为 385.4 平

---

[1]　刘文鹏：《埃及考古学》，生活·读书·新知三联书店，2008 年。

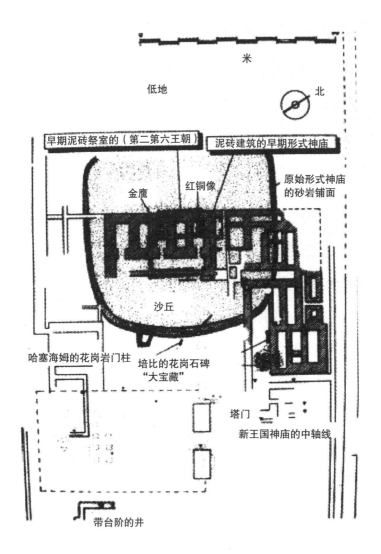

米

低地

北

早期泥砖祭室的（第二第六王朝）

泥砖建筑的早期形式神庙

金鹰

红铜像

原始形式神庙
的砂岩铺面

沙丘

哈塞海姆的花岗岩门柱

培比的花岗石碑
"大宝藏"

塔门

新王国神庙的中轴线

带台阶的井

希拉康坡里斯古王国时期神庙平面图

（引自克姆普《解剖古埃及》）

方米，墓的东、北部各有一排殉葬墓，总数达 136 座[①]。在萨卡拉也有一处早王朝时期的贵族墓地，这些墓葬规模甚至要远远大于阿拜多斯王墓，一度也被认为是早王朝时期的国王墓地，有人认为早王朝时期的国王在阿拜多斯和萨卡拉各建有一座墓葬，但后来确认萨卡拉墓地埋葬的只是高级官员。萨卡拉有一座编号为 3035 的墓葬一度被认为是登王之墓，但后来被确认是登的大臣 Hemaka 之墓，墓长达 57.3 米、宽达 26 米，面积达 1489.8 平方米，地下部分开凿于岩石中，包括 3 间墓室，地上部分有多达 45 间墓室，墓室中出土了大量随葬品[②]。早王朝时期的王墓多严重被盗，从目前保留的墓葬情况看，这些王墓的随葬品仍以盛放食物或饮料的陶器为主，化妆用品已较少见，同时发现大量红陶工具，如锯、锛、凿、刀，也有少量铜制武器，骨镞和燧石工具较普遍[③]。

....

[①] 刘文鹏：《埃及考古学》，生活·读书·新知三联书店 2008 年，第 45-46 和 68-77 页。

[②] Peter A.Clayton, *Chronicle of the Pharaohs*, Thames & Hudson Press, 2006.

[③] 穆斯塔法·埃尔－埃米尔：《埃及考古学》，林幼琪译，科学出版社，1959 年，第 7-8 页。

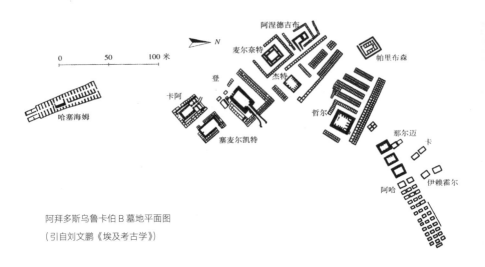

阿拜多斯乌鲁卡鲁伯 B 墓地平面图

（引自刘文鹏《埃及考古学》）

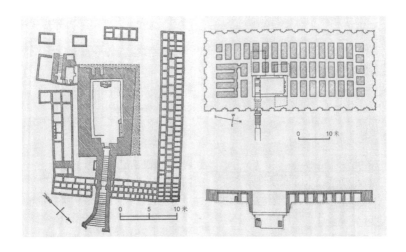

第一王朝国王登的阿拜多斯 T 墓（左）和曾被认为是登王墓的萨卡拉 3035 号
墓（右）（引自刘文鹏《埃及考古学》）

　　早王朝时期，墓中开始出现墓碑，其上记录了墓主的名字等信息，这类墓碑最早见于阿拜多斯，如著名的蛇王杰特墓碑。贵族和高级官员也有墓碑。

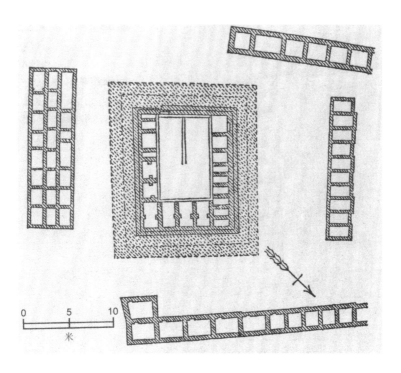

第一王朝杰特的阿拜多斯 Z 墓

（引自刘文鹏《埃及考古学》）

 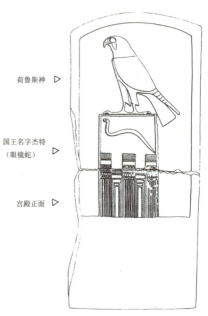

荷鲁斯神 ▷

国王名字杰特
（眼镜蛇）▷

宫殿正面 ▷

第一王朝杰特墓碑
（左：引自李建群《古代埃及和美索不达米亚美术》，
右：引自克姆普《解剖古埃及》）

知识链接

王朝与王表

公元前 3 世纪托勒密时期古埃及的僧侣曼涅托受命撰写了第一部古埃及的历史《埃及史》，这本书后来散轶，庆幸的是，书中的埃及年表被保存了下来。在这个年表中埃及历史被划分为 30 个王朝，近代以来学者提出将波斯第二王朝增补为第三十一王朝，在第一王朝之前增加零王朝的方案，同时提出曼涅托记载的第十四和第十六王朝可能并不存在。如此算来，仍旧为 30 个王朝，可划分为零王朝、早王朝、古王国、第一中间期、中王国、第二中间期、新王国、第三中间期和后埃及等九个大的阶段，由此形成了目前比较通用的古埃及的总体历史框架。

国王的年表来自三个王名表。最早的是帕勒莫石碑，记载了从前王朝末期到第五王朝早期的历代国王的名字及相关的一些大事记，是古王国时期流传下来的重要的历史文献。其次是都灵王名表，记录了第一到第十七王朝的国王的信息，是年代跨度最大的王名表。其他的王名表还有第十九王朝的阿拜多斯王名表和萨卡拉王名表，以及雕刻于卡纳克神庙的卡纳克王名表。通过考古发现，确认了许多零王朝至古王国时期的王墓及相关遗物，结合王名表，可以得出大部分公元前3200—前2200之间国王的名字。

年代与王名一览表

零王朝 公元前3200—前3000年

    伊赖 - 霍尔 Iry-Hor

    King A

    King B

    蝎子王 Scorpion I

    荷鲁斯 鳄鱼 Crocodile

    卡 Ka

早王朝　公元前3000—前2700年

    第一王朝　公元前3000—前2850年

      那尔迈 Narmer

      阿哈 Aha

      哲尔 Djer

      杰特 Djet

美丽奈茨女王 Queen Merneith

登 Den

阿涅德吉布 Anedjib

塞麦尔凯特 Semerkhet

卡阿 Qaa

第二王朝　公元前 2850—前 2700 年

霍特普赛海姆威 Hetepsekhemwy

尼布拉 Nebra/Raneb

尼涅特捷尔 Nynetjer

温尼格 Weneg

塞尼德 Sened

努布涅弗拉 Nubnefre

帕里布森 Peribsen/Sekhemib

哈塞海姆 Khasekhem/Khasekhemwy

古王国时期　公元前 2700—前 2150 年

第三王朝　公元前 2700—前 2600 年

乔赛尔 Djoser/Netjerikhet

塞凯姆凯特 Sekhemkhet

卡阿巴 Khaba

萨那卡特 Sanakht/Nebka

胡尼 Huni/Qahedjet

第四王朝　公元前 2600—前 2500 年

斯尼夫鲁 Sneferu

胡夫 Khufu

拉杰德夫拉 Djedefra

哈夫拉 Khafra

孟卡拉 Menkaura

舍普塞斯卡夫 Shepseskaf

第五王朝　公元前 2500—前 2350 年

乌塞尔卡夫 Userkaf

萨胡拉 Sahura

尼斐利尔卡拉·卡凯 Neferirkara Kakai

舍普赛斯卡拉·伊塞 Shepsekara Izi

尼斐勒弗拉 Neferefra

纽塞拉 Nyuserre Ini

孟考霍尔 Menkauhor

杰德卡拉·伊塞西 Djedkara Isesi

乌那斯 Unas

第六王朝　公元前 2350—前 2200 年

特悌 Teti

乌塞尔卡拉 Userkara

佩皮一世 Pepi Ⅰ

麦然拉 Merenra

佩皮二世 Pepi Ⅱ

第七、八王朝　公元前 2200—前 2150 年

第一中间期　公元前 2150—前 2000 年

第九、十王朝

四 金字塔时代

在公元前 2700—前 2150 年的古王国时期，古埃及进入了早期文明的鼎盛时期。在这一时期，古埃及政治上高度统一、经济持续繁荣、王权得到进一步巩固，法老开始营建规模巨大的金字塔，因此，这一时期又被称为金字塔时代。古王国时期持续 500 余年，包括第三王朝、第四王朝、第五王朝、第六王朝，资料相对匮乏的第七、第八王朝也被归入古王国时期。古王国末期，人口增长到 200 万。

如前所述，我们对古王国时期的都城孟菲斯同样缺乏了解。

公元前 2650 年前后的古王国初期，古埃及人在距离开罗东南约 30 千米的杰赖维干河（Wadi Garawa）上修建了一条异教徒坝，目的是将东部冬季的山洪拦蓄成一座永久性水库，坝体两侧护坡以 0.3 米 ×0.45 米 ×0.8 米的石灰岩块堆砌而成，迎水面护坡坡度约 30°，坝芯则填充渣土和卵石，该坝长 116 米、底宽 85 米、坝高 10 米[①]。但早王朝和古王国时期古埃及文明中似乎并没有形成体系性的灌溉和防洪系统，古埃及人依赖尼罗河的自然涨落进行农业生产，即可获得很好的收成。

古王国时期的国王绝大多数被埋葬在金字塔中，目前共发现 110 多座金字塔。金字塔建筑兴起于第三王朝，到第四王朝达到顶峰，第五、第六王朝时开始衰落。

第三王朝的开创者乔赛尔在萨卡拉早王朝墓地以南修建了第一座金字塔——阶梯金字塔，设计者是伊姆霍特普。阶梯金字塔最初是按照早王朝时期的马斯塔巴墓进行设计的，但伊姆霍特普在这一基础上用石块扩建和加高，最终形成六层阶梯状。阶梯金字塔现残高 58.7 米、东西长 123 米、南北宽 107 米，复原高 60 米、东西长 140 米、东西宽 118 米，共使用石材 85 万吨。有 4 个 28 米深的竖井通往乔赛尔的墓室，国王墓室东侧，另有 11 座陪葬墓室。金字塔外围兼有

---

① W·K 谢努达：《埃及水坝建设的背景和历史》，《国际水力发电》1994 年 1 期。Robert Miller，"Water use in Syria and Palestine from the Neolithic to the Bronze Age"，*World Archaeology*，1980.11，p.336.

阶梯金字塔（引自李建群《古代埃及和美索不达米亚美术》）

长 544 米、宽 277 米的石灰石围墙，围合面积约 15 万平方米。围墙外还有宽约 40 米的壕沟，东西长 750 米、南北宽 600 米。东南角开有一门。围墙内除了金字塔，还有圆柱大厅、大庭院、葬祭庙、南宫、北宫等建筑，用于举办丧葬仪式[①]。

---

① 刘文鹏：《埃及考古学》，生活·读书·新知三联书店，2008 年。

阶梯金字塔北宫的纸莎草墙壁（引自李建群《古代埃及和美索不达米亚美术》）

达舒尔的弯曲金字塔（引自李建群《古代埃及和美索不达米亚美术》）

第四王朝的开创者斯尼弗鲁在达舒尔建造了两座金字塔，分别为弯曲金字塔和红色金字塔，规模巨大，弯曲金字塔底边长 188.6 米、高 105 米，红色金字塔底边长 220 米、高 104 米，其中弯曲金字塔建筑群中还包括 1 座附属金字塔、1 座葬祭庙、1 条长 700 米左右的堤道以及河岸庙，标志着金字塔建筑的成熟。他的继任者胡夫等建造的吉萨金字塔群则使金字塔的修建达到顶峰。吉萨金字塔区包括 3 座大型金字塔、1 座狮身人面像、一些小型金字塔、贵族墓地等，建于古王国第四王朝时期，自北向南为胡夫金字塔、海夫拉金字塔和孟卡乌拉金字塔，每个金字塔附近均分布有葬祭庙和石雕像，以及陪葬的小金字塔和贵族墓地。胡夫金字塔规模最大，又称"大金字塔"，底面为正方形，呈正南北方向，边长约 230 米，整体呈锥形，锥顶残缺不存，现残高 137 米，复原高约 146.5 米。金字塔以平均重达 2.5 吨的长方形大石块堆成，使用石块总量达 230 万块、体量 252.1 万立方米、总重量 700 万吨，整个金字塔外表再以光滑的白色石灰石块砌成，使整个金字塔外表光滑。据推测，胡夫金字塔需要 3 万人花 10 年时间才能完成[①]。20 世纪 90 年代，在吉萨金字塔群附近发现了金字塔城，包含了修建金字塔的监工、工人生活区和墓地，金字塔城与金

---

① 郭子林:《古埃及王室墓葬与王权的形成、发展》,《世界历史》,2010 年 2 期。

吉萨金字塔群整体
（引自李建群《古代埃及和美索不达米亚美术》）

字塔建筑群仅以一道围墙相隔。太阳舟是胡夫的大型陪葬品之一，发现于大金字塔南侧 18 米处的窖穴中，太阳舟共由 1224 个部件拼接而成，全长达 43.5 米，充分反映了当时造船业的发达。

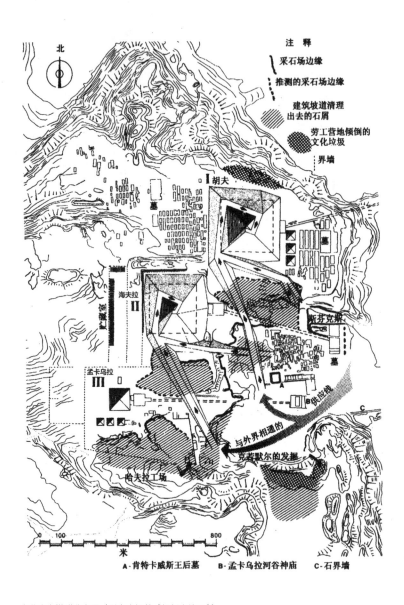

吉萨金字塔群分布图（引自克姆普《解剖古埃及》）

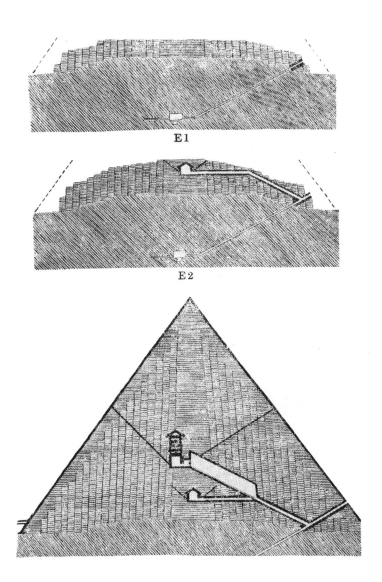

胡夫金字塔建筑过程及内部构造

（引自阿哈默德·费克里《埃及古代史》）

胡夫金字塔的太阳舟（引自刘文鹏《埃及考古学》）

海夫拉像（引自李建群《古代埃及和美索不达米亚美术》）

狮身人面像（引自李建群《古代埃及和美索不达米亚美术》）

孟卡乌拉夫妇雕像（引自刘文鹏《埃及考古学》）

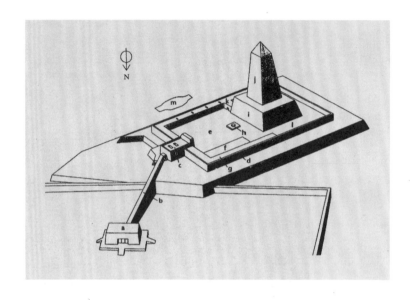

乌塞尔卡夫的太阳神庙复原图
(引自刘文鹏《埃及考古学》)

第四王朝末开始，金字塔建筑开始走向衰落，第四王朝末的王舍
普塞斯卡夫没有在吉萨修建金字塔，而是转向在萨卡拉修建了两座马
斯塔巴墓。第五、六王朝的金字塔规模变小、使用的材料也较差，一
般高 50 米左右，不超过 100 米，这一时期比较大的变化是随着太阳
神拉的信仰开始流行，金字塔边上一般又建有太阳神庙。

希拉康坡里斯古王国时期的神庙区中出土的荷鲁斯神像，高 59 厘

乌塞尔卡夫头像

（引自李建群《古代埃及和美索不达米亚美术》）

乌那斯金字塔

（引自刘文鹏《埃及考古学》）

米，躯体由木头制成，外面镶套一层薄铜板，头冠、头上的两根羽毛
和眼镜蛇标是用黄金制作的，眼睛则用黑曜石表示，制作相当精美，
说明荷鲁斯神的崇拜仍在延续。不过古埃及文明中的主神并非一成不
变的，它随着时代的演变而发生变化。古王国初期，作为孟菲斯的地
方神，随着孟菲斯作为都城的重要性的增强，普塔赫神取代荷鲁斯神
短暂地成为古埃及的主神，但其地位并不牢固，古王国中晚期其主神
地位即被赫里奥波里斯的太阳神拉取代。早王朝时期和古王国初期国
王与神的地位是基本等同的，国王也就是神，但到了第五王朝，国王

古埃及书吏形象
（引自刘文鹏《埃及考古学》）

开始被视为拉神之子，王的地位下降了，神权开始凌驾于王权之上，显著的表现是越来越多的财富开始用于太阳神庙的修筑，而国王的陵墓金字塔的规模却缩小了，制作变得粗疏，宫殿的修筑较为简朴[1]。

古王国时期，古埃及文字得到快速发展，开始出现长篇铭文，这

---

[1] 李模：《古代埃及宗教与政治关系研究》，线装书局，2013年，第62-82页。

些文字（又称金字塔文）主要书写或雕刻在纸莎草、石碑、墓壁等载体上，内容有王家记录、传记、遗嘱，一般都出自国王的金字塔墓和贵族或高级官员的墓葬中，内容涉及当时的政治、经济、文化、战争、对外交往等各个方面。《埃及历史铭文举要》一书中收录了 12 篇古王国时期的铭文，包括巴勒莫石碑、梅藤传记、乌尼（或译苇尼）铭文、哈尔胡夫铭文等。梅藤传记记载了第三王朝时期的高级官员梅藤从书吏和仓库管理员逐步升迁，历任多个地方的行政长官，获得了大量国王赏赐的土地、贡品等，积累了大量的财富，梅藤死后被埋葬在乔赛尔的阶梯金字塔旁。第六王朝的乌尼历特悌、佩皮一世、麦然拉三朝，从低级官员升迁为判官、高级官员以至地方行政长官，参与了五次远征贝都因人的战争，以及远征努比亚以获取石材、木材，死后葬于阿拜多斯的一座马斯塔巴墓中[1]。不过，相对于中国而言，古埃及人的历史文献较为零碎，不成体系，"埃及人几乎没给后人留下什么书写的历史，即使是某个国王统治的断代史也没有留下"[2]。

到中王国时期，古埃及首都迁往南部的底比斯，崇拜主神变为阿蒙神，金字塔也不再营建。

① 刘文鹏：《埃及考古学》，生活·读书·新知三联书店 2008 年，第 127-137 页。
② 李晓东译注：《历史铭文举要》，商务印书馆，2007 年。

佩皮一世雕像

（引自李建群《古代埃及和美索不达米亚美术》）

知识链接

梅藤自传（古王国时期）

其父判官、书吏阿努比斯姆乃赫将财产转给了他；房中无谷物及其他物品，但有人及少量家畜。

他被提升为供应仓库之大书吏及供应仓库之事物监管。他被提升为……，成为舍伊斯之地方长官，舍伊斯之属下地方判官。他被任命为……判官，他被提升为国王全部亚麻监管。他被提升为南部沛尔凯得之长官及代管。他被提升为得普人的长官，米沛尔和沛尔塞帕廷中长官，塞特诺姆之地方官，森特要塞长官……沛尔晒塞侪特长官，宫廷城镇及南湖城镇长官。晒瑞特 - 梅藤有了基础，他的父亲阿努比斯姆乃赫将其领地留给她。

阿努比斯诺姆会之监管，诺姆长，监察，门得西诺姆的……之监察，……土地。还有人和物……在萨伊特诺姆，在舍伊斯诺姆和塞赫米特诺姆……为之建立了 12 城池。许多皇家……将 200 斯塔特土地作为奖励送予他；每天从王子母亲尼玛阿特哈普丧葬神庙送他 100 份 [丧葬] 供品；还修建装饰一个 200 肘尺长、200 肘尺宽的房屋；美树成行排列，还修建了一个大湖，种植无花果及葡萄。这些都遵照国王的旨意在那里记录下来，他们的名字遵从的都是国王书写之命。
装饰有许多树木和葡萄园，还有大量的葡萄酒在那里酿造。为他修建
一个葡萄园：墙内有 2000 斯塔特土地；在伊麦瑞斯，晒尔 - 梅藤、
亚特 - 塞拜克、晒特 - 梅藤都种植了乔木。

　　（引自李晓东译注：《埃及历史铭文举要》，商务印书馆 2007 年。）

China and World in Liangzhu Era

良渚时代的中国与世界

第三章　哈拉帕文明

一　印度河的辉煌

印度作为一个地理概念，得名于印度河，《史记》《后汉书》称其为身毒或天竺，玄奘在《大唐西域记》中改为印度，包括现在的印度、巴基斯坦、孟加拉国等在内的整个印度次大陆。总体上北半部三面环山、南半部三面环海，呈半岛状，北面则是世界最高的喜马拉雅山脉和第二高的喀喇昆仑山脉，西北部分布有苏来曼山脉和兴都库什山脉，东北是帕凯山脉，东濒孟加拉湾、西临阿拉伯海、南有印度洋，是一处相对独立的地理区域，总面积约 430 万平方千米。由于地处欧亚和印度两大板块交界处，印度次大陆是地震多发区。这里孕育了辉煌的印度河文明和恒河文明。

哈拉帕文明是印度河文明的重要源头，主要分布于印度次大陆西北部的印度河平原。平原西面是苏来曼山脉和兴都库什山脉，这些山脉被融雪汇成的河流切割出数十个山口，比较著名的如开伯尔山口、波伦山口等，历来是沟通印度次大陆和中亚的主要陆上通道，其北面即平均海拔 6000 米的喜马拉雅山脉，东面则是干旱面积达 20 万平方千米的塔尔沙漠，西南部可通过阿拉伯海与波斯湾沿岸与苏美尔地区沟通。实际上，孕育哈拉帕文明的除了印度河，还有一条萨拉斯瓦蒂河，哈拉帕时期该河沿岸分布有大量的遗址，只不过在哈拉帕文明之后，该河逐渐干涸了。

印度河发源于青藏高原，全长 3000 千米，上游流经喜马拉雅山脉与喀喇昆仑山脉之间，中游接纳了流经旁遮普地区的杰赫勒姆河、杰纳布河、拉维河、比亚斯河、萨特莱杰河共 5 条河流，下游主要位于信德地区，几乎无地表径流汇入，最终流入阿拉伯海，在印度河入海口形成面积达 1.8 万平方千米的盐碱大沼泽，即库布兰恩大沼泽（Rann of Kutch，又译卡奇大沼泽），主要位于印度古吉拉特邦，少部分位于巴基斯坦南部。萨拉斯瓦蒂河位于印度河西部，走向与印度河大致平行，两条大河共同塑造了面积近 60 万平方千米的印度河冲积平原。印度河平原面积广大、土壤肥沃、水源丰富，适宜农耕文明和城市文明的发展。

印度河平原是典型的大陆性气候区，以热带和亚热带干旱气候为主，气温较高，降水较少，年降水量 100~500 毫米，自北向南递减，如摩亨佐达罗所在的信德地区降雨就很少，甚至经常不下雨。北部雪山的夏季融雪是印度河和萨拉斯瓦蒂河的主要水源，夏季（7—9 月）上游形成季风性降雨，暴雨频发，常常导致洪水出现，径流季节变化大。

印度河平原不同于苏美尔地区和尼罗河流域，平原内部及周边自然资源相当丰富，以西以北均是山区，有着丰富的森林和矿产资源，在拉贾斯坦邦和比哈尔南部分布有铜矿，储藏量巨大，南部安德拉地区则分布有许多锡矿，喜马旺特和卡纳塔卡则有金矿和银矿。另外，各种宝石和珍珠资源也很丰富。

二　走向文明

哈拉帕文明遗址多位于今天的巴基斯坦境内，部分位于印度境内，鼎盛时在今天阿富汗、伊朗和印度亚穆河盆地也分布有少量属于哈拉帕的类似贸易据点的遗址，目前共发现 1000 余处遗址。哈拉帕文明是一支分布广泛、影响深远的文明，核心分布面积近 80 万平方千米，影响范围达 130 万平方千米，是几个早期文明中分布最广的。

这一文明的形成有着自身的文化脉络。印度河流域最早的人类遗存出现在距今 200 万年前，历史相当悠久。距今 10000 年前后，印度河流域开始进入以细石器为特征的中石器时代，距今 8500 年开始进入新石器时代。

（一）文化积淀：公元前 6500—前 3300 年

1973 年，法国考古队联合巴基斯坦考古队在俾路支地区卡奇平原（Kachi Plain）进行了调查和发掘，并于 1976 年发掘了梅赫尔格尔遗址，首次发现了比早哈拉帕时期更早的遗存。1996—1997 年，法国考古学家再次进行发掘，并在此基础上进行了相当深入的研究，将整个遗址共分七期，从公元前 6500 年一直延续至公元前 2600 年。该遗址的发掘表明，从公元前 6500 年开始，印度河平原西部的俾路支地区率先进入了新石器时代，经过 4000 余年的文化积累，才进入了文明时期。

梅赫尔格尔一期（又分两段，ⅠA 期，公元前 6500—前 6000年，ⅠB 期，公元前 6000—前 5500 年）最初生计类型以狩猎采集为主，但已发现大麦和少量小麦等农作物和少量家养的山羊，农业生产和家畜饲养起到补充食物来源的作用；没有发现陶器，只有未经火烧的黏土像和黏土容器，遗物以石器、骨器为主，另有沥青竹篮等；清理出泥砖房屋建筑；发现墓葬，有的随葬山羊，随葬品数量均不多，包括青金石、绿松石、滑石、玉髓、玛瑙、海贝等制作的珠饰、坠饰，甚至还有 1 件铜珠，铜珠孔内还残留有棉花的痕迹[①]。贝镯中有的来自距离 500 千米以外的马克兰沿海地区，青金石、绿松石等可能来自西部。此期遗址仅发现零星数个，如凯尔·古尔·穆罕默德遗址

----

① Christophe Moulherat et al., "First Evidence of Cotton at Neolithic Mehrgarh, Pakistan: Analysis of Mineralized Fibres from a Copper Bead", *Journal of Archaeological Science*, 2002,29(12):1399.

（Kile Gul Mohammad）[1]。

二期（Ⅱ期，约公元前 5500—前 4300 年），从一期末开始，家畜饲养便取代狩猎成为人们主要的生计来源，野生动物比例逐渐下降，家养的绵羊、山羊比例持续增长，本地特有的瘤牛也被驯化，大麦、小麦比例增加，反映了农业和家畜饲养取得了飞跃式的进步；这个时期泥砖房屋建筑分间增多，也有泥砖墓葬出现，并且出现了陶器（掺杂植物根茎的粗陶）。此期俾路支地区的遗址数量有所增加，另外，在马克兰沿海至古吉拉特地区和拉贾斯坦平原卢尼河流域等也有这一时期的遗址发现[2]。

总体上，被发现的梅赫尔格尔一、二期遗址数量很少，说明当时人口数量不多，农作物、家畜、泥砖建筑形式都与中亚、西亚地区大体一致，这无疑是受到西部世界的影响的结果，遗址本身距离波伦山口不远，与中亚地区沟通便利，但本地并非毫无创造，如瘤牛就是在

---

[1]　Jane R. McIntosh, *The Ancient Indus Vally: New Perspectives*, ABC-CLIO. 2008. 乔纳森·马克·基诺耶：《走进古印度城》，张春旭译，浙江人民出版社，1998 年。
[2]　Jane R. McIntosh, *The Ancient Indus Vally: New Perspectives*, ABC-CLIO. 2008.

梅赫尔格尔遗址首次被驯化的。

梅赫尔格尔三期（Ⅲ期，又称托格文化，Togau）年代约为公元前 4300—前 4000 年，此期俾路支地区卡奇平原遗址数量大为增加，邻近的低地平原的遗址也有所增加。梅赫尔格尔遗址成为手工业生产中心，出现了轮制陶器，部分陶器上装饰有抽象或几何形彩绘，青金石、绿松石、玛瑙、贝壳等各种质地的装饰品数量和质量都有所增长和提高，在 1000℃温度下烧制的滑石制品也开始出现；同时，铜器数量增加，并开始出现金器。这个时期的社会复杂化、文明化进程开始加快。

梅赫尔格尔四期（Ⅳ期）年代约为公元前 4000—前 3200 年。各地陶器组合有较大差异，形成多个区域性文化。此期农业、手工业持续发展，燧石工具减少，铜制工具增加，部分遗址出土了制作精美的赤陶人像或动物像。与此同时，贸易网络扩大了。遗址数量成倍增加，反俾路支地区卡奇平原就发现 150 处遗址，被称为科奇·贝格文化（Kechi Beg）。遗址至少可分两个层级，小型遗址一般数万平方米，中心遗址可达 15 万 ~20 万平方米。同时，印度河中游今旁遮普地区和萨拉斯瓦蒂河中游焦利斯坦地区也得到越来越多的开发，出现稳定的聚落。焦利斯坦地区形成哈克拉文化，仅焦利斯坦一地就发现 100

余处遗址，但多未进行发掘，另外，萨拉斯瓦蒂河上游的拉齐噶里也有属于哈克拉文化的遗存。古吉拉特地区的同时期遗存也有着鲜明的本地特色[①]。

梅赫尔格尔五、六期相当于早哈拉帕拉维期，为公元前 3300—前 2800 年。梅赫尔格尔七期相当于早哈拉帕考特·迪吉期，为公元前 2800—前 2600 年。

（二）走向文明：公元前 3300—前 1900 年

2016 年 10 月 25 日，印度德干学院的瓦萨·辛德（Vasant Shinde）教授在中国社会科学院考古研究所"印度考古系列学术讲座"中系统介绍了公元前 3300 年—前 1300 年印度河谷地区的年代序列，代表了国际学术界对哈拉帕文明从形成、成熟至衰落的阶段性演变的共识[②]。

---

① Jane R. McIntosh, *The Ancient Indus Vally: New Perspectives*, ABC-CLIO. 2008.
② 辛德：《"哈拉帕文明与拉吉加希"讲座纪要》，中国社会科学院考古研究所中国考古网，2016 年 11 月 1 日。按：拉吉加希又译拉齐噶里。

早哈拉帕时期年代约为公元前 3300—前 2600 年，又分为两期，即拉维期（公元前 3300—前 2800 年）和考特·迪吉期（公元前 2800—前 2600 年），分别以拉维文化和考特·迪吉文化为代表。

拉维文化主要分布于旁遮普地区，总体上晚于哈克拉文化，代表性的遗址有哈拉帕等，拉维文化与哈克拉文化的陶器有一定相似之处，陶器均手制成型并以慢轮修整，在哈拉帕遗址陶器上开始出现刻画符号，有时候多个符号成组出现。这一时期，尤其是公元前 3200—前 3000 年前后，印度河流域气候干旱化趋势达到顶峰，俾路支卡奇平原的人口越来越多地向水源条件更好的印度河流域迁徙[1]。

考特·迪吉文化因一处位于摩亨佐达罗城以东约 40 千米的小型遗址考特·迪吉而得名，占地面积 2 万余平方米，遗址上层属成熟哈拉帕时期，其下叠压有考特·迪吉期的遗存。遗址的面积均不超过 40 万平方米，其中哈拉帕遗址从小型村落演变为占地约 25 万平方米的区域中心聚落，部分区域以围墙围护，此外拉齐噶里等不少遗址也都开始出现防御性围墙。泥砖开始向标准化生产发展，开始使用烧

---

① Jane R. McIntosh, *The Ancient Indus Vally: New Perspectives*, ABC-CLIO. 2008.

砖，如哈拉帕的泥砖长、宽、厚的比例为 4:2:1，拉齐噶里的泥砖则
为 3:4:1。这个时期的墓葬资料相对较少，墓葬随葬品较少。农业得
到了发展，在不少遗址都发现小规模灌溉系统，在卡利班甘发现犁耕
田遗迹，推测当时已经出现畜力牵引。轮制陶器已得到普遍使用，铜
器、金器的使用也日益普遍，开始出现专业化的手工业聚落。图画符
号及成组符号出现得越来越多。考特·迪吉文化在哈拉帕、摩亨佐达
罗等遗址都有发现，分布于包括印度河上游旁遮普地区、萨拉斯瓦蒂
河中游焦利斯坦地区和俾路支地区卡奇平原在内的广大地区。同时期
还有其他一些区域文化，如位于卡奇平原西北奎达谷地的萨达特文化
（Damb Sadaat，考特·迪吉文化的地方变体），位于俾路支地区南部、
马克兰沿海地区至卡奇大沼泽的阿姆利文化（从科奇贝格文化文化演
变而来），位于萨拉斯瓦蒂河上游的索斯·西瓦尔文化，位于克什米尔
地区的北部新石器文化等 [1]。

哈拉帕文明一般指成熟哈拉帕时期，年代为公元前 2600—前
1900 年，年代相当于苏美尔早王朝三期至伊辛王朝，分为三期，第
一期为 A 期，年代为公元前 2600—前 2450 年；第二期即 B 期，

---

[1]　Jane R. McIntosh. *The Ancient Indus Vally: New Perspectives*. ABC-CLIO. 2008. Irfan Habib, *The Indus Civilization*. Tulika Books. 2002.

年代为公元前 2450—前 2200 年；第三期为 C 期，年代为公元前 2200—前 1900 年 [1]。哈拉帕文化主要是在考特·迪吉文化的基础上发展起来的，同时向东北方向的萨拉斯瓦蒂河上游、东南方向的古吉拉特地区、西南马克兰沿海地区有明显的扩张，形成更广阔的哈拉帕文化系统。在这广阔的地域内尽管仍有较明显的地区差异，但总体上在陶器风格、城市规划、文化传统、图像系统等方面有比较明显的共性。同时期在俾路支斯坦西南部分布有受到哈拉帕文化强烈影响的古利文化，在印度河流域的西北山地有晚考特·迪吉文化，在印度西部拉贾斯坦平原一带也分布有三支区域性文化 [2]。

晚哈拉帕时期的年代为公元前 1900—前 1800 年，后哈拉帕时期为公元前 1800—前 1300 年。

[1] 辛德：《"哈拉帕文明与拉吉加希"讲座纪要》。
[2] Jane R. McIntosh, *The Ancient Indus Vally: New Perspectives*, ABC-CLIO. 2008. Irfan Habib, *The Indus Civilization*, Tulika Books, 2002.

三　繁荣的城市

哈拉帕文化大致可分为七个小的区域，即中部的印度河下游信德地区、西部的俾路支地区卡奇平原、西南部的马克兰沿海地区、北部的印度河中游旁遮普地区、东部的萨拉斯瓦蒂河中游焦利斯坦地区、东北部的萨拉斯瓦蒂河上游地区、东南部的古吉拉特地区[①]。除了马克兰沿海地区外的每个区域都有区域中心城址，部分城址甚至达到了都城级别，形成都、城、镇、村四个大的聚落层级。这些都城或区域中心城址之间各自相距约 300~600 千米，各自直接控制 10 万 ~17 万平方千米范围，其中摩亨佐达罗控制面积最大[②]。

印度河下游信德地区处于各区域的中心，属于哈拉帕文化时期的遗址应当非常密集，但由于印度河的影响，目前发现的遗址数量并不太多。最重要的发现是面积达 250 万平方米的摩亨佐达罗城，这是哈

----

① 　Jane R. McIntosh, *The Ancient Indus Vally: New Perspectives*, ABC-CLIO, 2008.

② 　乔纳森·马克·基诺耶：《走进古印度城》，张春旭译，浙江人民出版社，1998 年。

拉帕文明最重要的都邑性遗址。除了摩亨佐达罗，还发现一些面积在
1 万 ~25 万平方米的遗址。

印度河中游的旁遮普地区遗址数量相比前期减少，旁遮普西部山
区向本地化趋势发展，形成晚考特·迪吉文化，哈拉帕文化遗址主要
向印度河河谷地区集中，这可能与旁遮普地区日益干旱的气候有关。
该区域出现特大型都邑性遗址哈拉帕城址，该遗址面积从考特·迪吉
期的 25 万平方米猛增至 150 万平方米。

萨拉斯瓦蒂河中游的焦利斯坦地区是目前发现遗址分布最密集的
地区，至少存在一处中心城址，即甘瓦里瓦拉城，面积约 80 万平方
米，也可分为城堡区和下城区。甘瓦里瓦拉与拉贾斯坦的铜矿产地相
邻，也是重要的农业产区。遗憾的是该遗址暂未开展考古发掘工作。

萨拉斯瓦蒂河上游遗址面积多在 10 万 ~30 万平方米，最大的是
拉齐噶里，面积至少 80 万平方米，也有说法称其面积可达 400 万平
方米，共由 5 处台地组成，其中位于西部的台地 2 地势最高，是城址
的城堡区。卡利班甘城址也位于这一区域，面积约 22 万平方米，是
一处城镇级别的遗址，也由西部的城堡和东部的下城组成。该地区还
分布有三处面积在 100 万 ~225 万平方米的遗址，显示出这一区域在
哈拉帕时期相当繁荣。

当俾路支地区卡奇平原进入成熟哈拉帕时期时，梅赫尔格尔遗址已经衰落，新出现了面积达 100 万平方米的帕萨达·达姆布遗址。俾路支地区西南部的山区高原在原阿姆利文化的基础上形成了古利文化，继续保持明显的本地文化传统。

古吉拉特地区位于哈拉帕文明区的东南部，主要包括西边的卡奇大沼泽和东边的索拉什特拉两个小区。卡奇大沼泽的朵拉维拉是区域中心城址，面积约 100 万平方米。面积略小的城镇级别洛塔尔遗址位于索拉什特拉。

哈拉帕文明的城市发展程度高、规划先进，尽管相隔数百千米甚至上千千米，但城市格局、布局却有很大的共性。城市一般分为地势较高的城堡和地势较低的下城，显示出明显的等级差异；城址内包括多个不同的城区，可能有着不同的功能区划；城址中均有设计巧妙的供排水系统，显示出水与城市的密切关系；城墙、城区台地均为人工堆筑而成，工程量巨大。其中，尤其具有特色的是修建城市时使用的泥砖也有特定的比例，哈拉帕时期有大砖和小砖之别，大的边长 40 厘米 ×20 厘米 ×10 厘米，主要用于砌筑城墙，小的边长 28 厘米 ×14 厘米 ×7 厘米，主要用于砌筑房屋，不管大砖小砖，长度均为宽度的两倍，两种砖的长、宽、厚的比例统一为 4:2:1，这充分说明了当时存在统一的长度标准，从某个侧面反映了哈拉帕社会有着共享的社会规范[1]。

尽管到目前为止与哈拉帕城市的统治阶层或管理阶层相关的证据依然相当模糊，并没有发现明确的属于王的宫殿或大型神庙建筑，也没有发现王墓或高等级贵族墓葬，但如此明显的聚落分化、规整的城市规划、统一的量横标准、共享的社会信仰、相似的物质文化，显示出当时应当已经有了复杂的社会分化，应该已经进入了早期国家阶段，至于是统一的哈拉帕王国还是多个不同的区域城邦，则还需要做更多的工作才能揭示。

（一）摩亨佐达罗城址

城址坐落于印度河岸，面积达 250 万平方米，地处哈拉帕分布范围的地理中心，位置优越。

由于地下水位高，洪水频发，哈拉帕人修筑了多个高大的台地和防护性围墙，每个台地及其围墙构成一个独立的城区，这样既可以形

---

[1] 乔纳森·马克·基诺耶：《走进古印度城》，张春旭译，浙江人民出版社，1998 年。

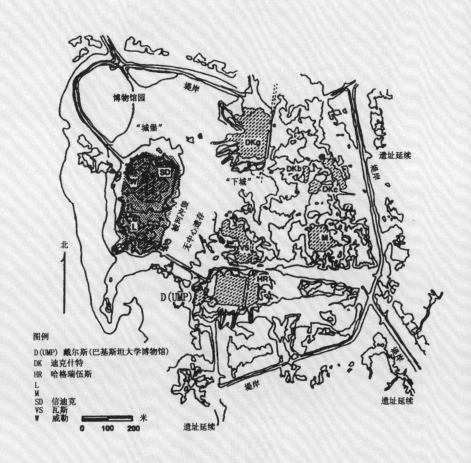

图例

D(UMP) 戴尔斯(巴基斯坦大学博物馆)
DK 迪克什特
HR 哈格瑞伍斯
L
M
SD 信迪克
VS 瓦斯
W 威勒

0 100 200 米

摩亨佐达罗城址布局

（引自乔纳森·马克·基诺耶《走进古印度城》）

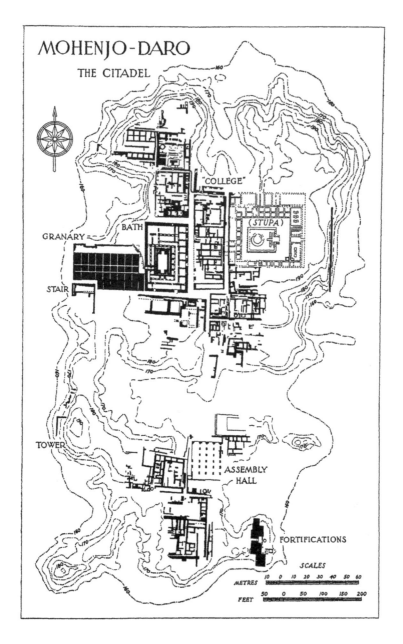

城堡区布局（引自 Sir Mortimer Wheeler, *The Indus Civilization*）

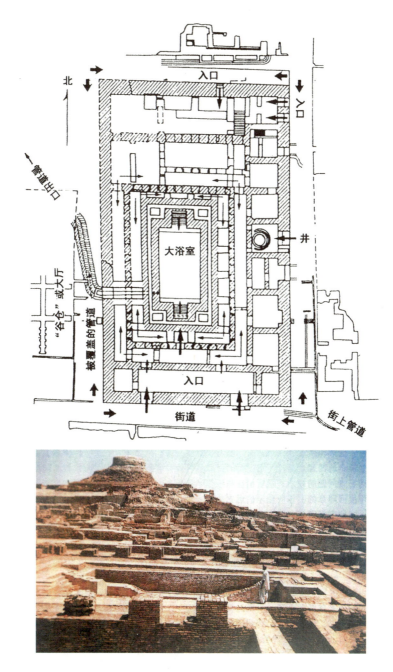

北

入口

入口

管道出口

"谷仓"或大厅

被覆盖的管道

大浴室

井

入口

街道

街上管道

城堡区的大浴池（上：引自乔纳森·马克·基诺耶《走进古印度城》，下：引自王镛《印度美术史话》）

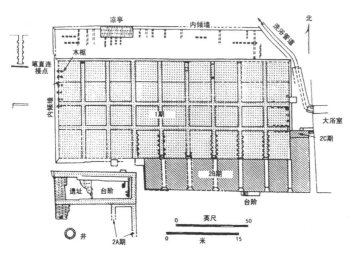

摩亨佐达罗的"谷仓"建筑

（引自乔纳森·马克·基诺耶《走进古印度城》）

成不同的功能区，又可以起到防洪、防御外敌的作用。城址工程量巨
大，需要耗费大量的人力。

1. 城堡

西部地势最高，被称为城堡区（SD 区），城堡区的基础是以沙泥
堆筑而成的大型人工台地，相对高 12 米，并有约 6 米高的围墙围护，
南北长 400 米、东西宽 200 米，总面积约 8 万平方米。经过大规模
的发掘，现在我们已经基本了解了城堡内的建筑格局[1]。城堡可分为南
北两个小区，是两个相邻的台基，北区分布有以大浴池为核心的建筑
群，南区分布有以"列柱大厅"（或称集会大厅）为核心的建筑群。

砖砌大浴池位于城堡北区的中心，长约 12 米、宽约 7 米、深约
2.4 米，为防止渗水，砖缝砌筑非常紧密，同时还在壁面和底面涂有
厚约 2.5 厘米的防水沥青，两端有阶梯通往浴池底部。通过设计精巧
的地下排水渠道，浴池可排出使用过的废水。大浴池周边分别围有一
圈柱廊和一圈小型房间。大浴池和众多小型沐浴平台的发现说明沐浴

----

[1]　Sir Mortimer Wheeler, *The Indus Civilization*, Cambridge University Press, 1953.

和保持清洁是哈拉帕人的重要活动，可能与宗教礼仪活动有关。大浴池西南部有一处大型方形建筑，建筑于砖台之上，东西长50米，南北宽27米，被过道分为27个长方形或方形的区块，发掘者惠勒认为这是谷仓，但现在更多人认为是大厅一类的建筑，可能与公共活动有关。大浴池东部和北部也分布有结构复杂的大型建筑，东边的建筑被认为可能与培养高级祭司的"学校"有关，北边的建筑即6号建筑。

2. 下城

由于缺乏直接的物证，尽管有不少学者做过推测和猜想，但实际上除大浴池以外的大型建筑基址的功能都难以判别，不妨统称之为以大浴池为中心的礼仪性建筑群，它们可能与宗教关系密切。

东部被称为下城，由DKg区、DKb区、DKc区、VS区、HR区、M区等不同的高台城区构成，尽管也是人工堆筑而成的，但地势明显低于城堡区，显示出明显的等级差异。下城有四条东西向和四条南北向的主干道，每条主干道宽达9米，构成十字交叉的主干道网络，其间另有大量小道和巷道连通，形成复杂整齐的交通网络。这些道路系统同时也将城区划分为不同的小的区块，构成网格式的城区布局，其间分布有大量的房屋建筑，房屋为两层甚至三层，有的是普通住宅，有的是手工业作坊，少部分房屋建筑被认为可能是神庙或具有旅舍功能。下城区发现了六七百座水井和大量渠道组成的供水和排污系统，几乎每栋房屋建筑都有沐浴平台，不少还设有厕所，沐浴平台和厕所都设计在靠外侧道路的位置，废水可通过沿着道路铺设的地下排污渠道排到城外，有些离地下排水系统远的地方则采用挖掘渗水坑的办法，让液体下渗，固体垃圾则定时清理[1]。摩亨佐达罗城的供排水系统无疑是世界同时期城址中最发达的。

下城 HR 区街道布局（引自 Sir Mortimer Wheeler, *The Indus Civilization*）

[1]　乔纳森·马克·基诺耶：《走进古印度城》，张春旭译，浙江人民出版社，2000 年。

下城部分水井、浴室等遗迹

（引自乔纳森·马克·基诺耶《走进古印度城》）

DK- 区水井（左）、SD 区浴室及相关的排水设施（上右）、HR 区水井（下右）

3. 城外郊区

近来的考古发现表明，在下城以东和以南的平地也有哈拉帕时期的房址分布，其中哈拉帕时期的遗存往东延伸了将近 2 千米，直达印

摩亨佐达罗出土的祭司—国王雕像

（引自乔纳森·马克·基诺耶《走进古印度城》）

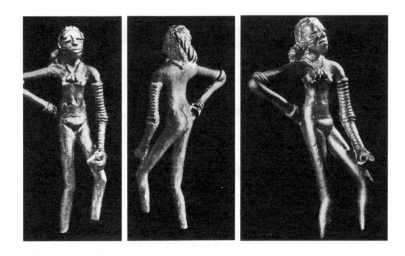

摩亨佐达罗出土的青铜舞女像

摩亨佐达罗出土的青铜兵器、工具及容器

（引自乔纳森·马克·基诺耶《走进古印度城》）

度河河床部位，这一区域应该是摩亨佐达罗城的郊区。如此，城址的面积将大大超过 250 万平方米。据推测整个城市居住有约 10 万人口。

摩亨佐达罗城出土了一批重要遗物，如 DK 区发现所谓祭司—国王雕像。HR 区出土过几处"宝藏"，内含以各种贵重材料制作的珠串，如宝石、金银、绿松石、玛瑙等。著名的青铜舞女雕像也出土于摩亨佐达罗城，高 11.43 厘米。

（二）哈拉帕城址

城址位于印度河中游支流拉维河南岸，是旁遮普平原地区的中心聚落，也是哈拉帕文明中考古成果丰富度及重要性仅次于摩亨佐达罗城的都邑性遗址。地处印度河平原与喜马拉雅山前地带的交汇处，便于控制来自北部山区的资源，具有重要的战略地位。

考特·迪吉期哈拉帕遗址面积为 25 万平方米，其中包括台地 AB 和台地 E。考古学家在台地 E 发现了此期的街道[1]。到哈拉帕时期，城

---

[1]   Jane R. McIntosh, *The Ancient Indus Vally: New Perspectives*, ABC-CLIO, 2008.

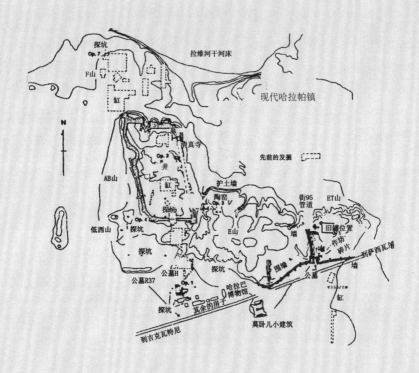

探坑
Op.
F山
缸

拉维河干河床

现代哈拉帕镇

N

清真寺
井
AB山
缸
护土墙
探坑
陶窑
低西山
探坑
E山
探坑
公墓H
公墓R37
探坑
其余的房子
莫卧儿小建筑
到吉克瓦特尼

先前的发掘

街95管道
ET山
旧墙位置
作坊
碎片
围墙
墙
公墓
缸
哈拉巴博物馆
到萨西瓦简

哈拉帕城址布局

（引自乔纳森·马克·基诺耶《走进古印度城》）

172

址规模扩增至 150 万平方米。遗址东北部是现代的哈拉帕村，占压和破坏了一部分遗址。城堡（台地 AB）及其他城区的地表烧砖建筑大部分被盗挖。

城址中部是一处低地，可能是大型蓄水池。低地周边分布有几处台地，台地均为人工堆筑而成，并有泥砖围墙围护与砖砌的城门，形成了一个个独立的小型城区。

台地 AB 位于西部，推测是城堡，由于遭到破坏，地势仅略高于其他台地，台地内的建筑布局也已经不得而知。台地呈南北向，围墙高而且厚，墙基宽 14 米，外表贴砌烧砖，相对高 11 米，围墙西部有三个小型城门，北部有一个较大的城门。

台地 E 为东西向，位于台地 AB 东南部，砖砌围墙，外表为烧砖，南部有一处主城门，经过了至少三次重建。城门处的城墙宽 9 米，推测高 3~4 米，门厚 1 米，门道仅 2.8 米宽。进入城门后有大道通往城区中部，城区内发现有贝壳、玛瑙作坊和制铜作坊等。哈拉帕台地 E 发现一系列陶窑。台地 ET 是台地 E 的东扩部分。台地 E 有围墙围护。

台地 ET 也建筑了围墙，并与台地 E 连通。

哈拉帕的"谷仓"建筑

（引自乔纳森·马克·基诺耶《走进古印度城》）

　　台地 F 位于台地 AB 北部，地势略低，也有宽约 14 米的围墙围护，其内发现有手工业作坊和一处大型建筑基址，可能是仓库或宫殿①。考古学家在哈拉帕台地 F 也发现一处大型泥砖建筑，南北长 50

---

① 乔纳森·马克·基诺耶：《走进古印度城》，张春旭译，浙江人民出版社，2000 年。

哈拉帕的排水设施示意图

(引自乔纳森·马克·基诺耶《走进古印度城》)

米，东西宽 40 米，两排六间排列在中心过道，过道口宽 7 米，每个房间长宽为 15.2 米 ×6.1 米，一开始也被认为是谷仓。

城址南部分布有这一时期的墓地（墓地 R-37），墓地中墓葬之间叠压打破关系复杂，随葬品均较少，包括少量青金石、玉髓或铜质的珠、珠串等，以及上千件陶器。如果包括城址区外围的郊区，遗址的总面积达 150 万平方米，推测居住了 6 万人口。

（三）朵拉维拉城址

城址位于印度河三角洲卡奇大沼泽的卡迪尔岛上，是海陆交通的重要节点和各种原材料、商品运输的中转站，同样有着突出的战略地位。城址始建于早哈拉帕时期，到哈拉帕文化早期（公元前 2600 年）修建了城堡和中城，中晚期之际（公元前 2200 年）又扩建了外城，形成了完整的城市格局，公元前 2000 年前后衰落并逐渐被废弃 [1]。

朵拉维拉的城址呈规整的长方形，布局很具特色，与哈拉帕和摩亨佐达罗有明显的区别。城址区面积近 50 万平方米，可分为方形三重格局，大致可分为城堡（相当于宫城）、中城（相当于内城）、外城

---

[1] 乔纳森·马克·基诺耶：《走进古印度城》，张春旭译，浙江人民出版社，2000 年。Jane R. McIntosh, *The Ancient Indus Vally: New Perspectives*, ABC-CLIO, 2008. Michel Danino, "New Insights into Harappan Town-Planning, Proportion and Units, with Special Reference to Dholavira," *Man and Environment*, vol. XXXXⅢ, No.1, 2008, pp.66-79.

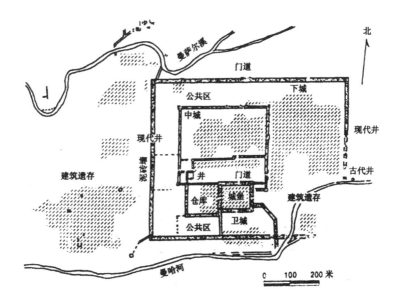

朵拉维拉城址布局

（引自乔纳森·马克·基诺耶《走进古印度城》）

（相当于外城），城墙以石头和未经火烧的泥砖砌筑而成，宽 18 米，
高至少 9 米。城外西部也分布有这一时期的居住区和墓葬区，包括这
部分在内的遗址的总面积是 100 万平方米。

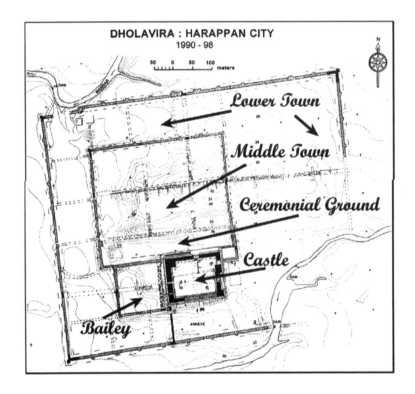

朵拉维拉的多重格局

（引自 Michel Danino，"New Insights into Harappan Town-Planning，
Proportion and Units，with Special Reference to Dholavira"）

　　城堡位于城址南部，修筑于人工堆筑台地上，地势最高，相对下城高 13 米，工程量巨大。围墙长约 115 米、宽约 90 米，南北各有一处城门，城堡内发现有大型建筑基址，可能是与管理或宗教有关。城堡西部分布有另一处围墙围护的区域。

　　中城位于外城西部正中间、城堡北部，长 360 米、宽 250 米，每面城墙各有一处城门，分布有居住区和手工业作坊，其内发现街道及以陶罐和污水坑组成的排水系统。中城南部有一处单独以围墙隔开的区域，长约 285 米、宽约 48 米，被认为是公共仪式场所，也可能是市场，南部有城门与城堡相通。

　　下城长约 770 米、宽约 615 米，面积接近 50 万平方米，南北各有一门，也分布有居住区和手工艺作坊。

　　城堡、中城和下城的城门均有东西向或南北向主干道穿过并沟通城内外，形成网格状交通体系，整个城市格局为非常规整的棋盘状。城内外有着复杂的水利设施，城内至少发现 16 处大型蓄水池，占地面积达 17 万平方米，均为人工挖掘而成，部分已深挖至基岩，可以储存季节性降雨，且在下城北部和南部的两条季节性小河靠近下城城墙的部位修筑了多条短坝，可将河水引入城内的蓄水池。

蓄水池为中心水利设施在位于古吉拉特的城镇遗址洛塔尔也有发现。这处遗址是制作玛瑙和青金石管珠、铜器、贝壳和象牙制品的中心，还发现有来自波斯湾的印章，显示其在商业贸易上的地位，最重要的发现是一处宽 22 米、长 37 米、深 4~4.5 米的大型砖砌蓄水池，该蓄水池还带有出水渠道和进水渠道各一条。

知识链接

发现哈拉帕文明

早在 1826 年，一位化名为梅森的英国军队的逃兵在旁遮普地区（现属巴基斯坦）发现了哈拉帕遗址，根据他的日记，可以知道那时候遗址保存还比较好，有"一座坍塌的砖石城堡"，而且"城堡和塔非常之高"。

1849 年，英国占领旁遮普地区，使整个印度成为英国的殖民地，旁遮普地区成为大英帝国的重要粮食产地，铁路、公路等基础设施建设加快。1855 年开始修建的拉合尔—木尔坦铁路经过哈拉帕附近，哈拉帕城址中的大量质量极好的烧砖被施工队挖走，用来铺垫铁路的路基，对遗址造成了毁灭性的破坏。

19 世纪 50 年代，亚历山大·甘宁汉（被誉为印度考古学之父）勘查了哈拉帕遗址。1871—1885 年亚历山大·甘宁汉担任印度考古调查局局长，他在 1873 年再次造访了哈拉帕，进行了第一次发掘，但收获很小，最重要的是出土了一枚刻有公牛和符号的印章。此时对哈拉帕的年代并不知晓，或认为属于佛教时期。

1920 年，印度考古调查局的莱姆·萨尼对哈拉帕遗址进行了正式发掘，由于遗址破坏比较严重，也仅获得两枚印章。虽然考古发现成果并不丰富，但因其是首次发现，而成为哈拉帕文化和哈拉帕文明的命名地。

1919 年，印度考古调查局的班纳基在哈拉帕以南约 590 千米处又发现了摩亨佐达罗遗址，并于 1922 年进行了试掘，发掘出少量铜器和三枚印章，印章上有独角兽的形象和符号，根据印章与苏萨、美索不达米亚出土印章的相似性，初步判断其年代在公元前 2300 年前后，这引起了时任印度考古调查局局长马歇尔的高度关注和强烈兴趣。

1925 年开始，马歇尔组织人力对哈拉帕城尤其是保存较好的摩亨佐达罗城进行了持续发掘，在摩亨佐达罗城发掘出大浴室、祭司—国王雕像、青铜舞女像等重要遗存，在哈拉帕清理了 H 墓地和大型建筑基址。1929 年马歇尔退休。

1944 年至 1948 年，著名考古学家莫蒂默·惠勒任印度考古调查局局长，他采取惠勒方块的发掘方法，对哈拉帕尤其是摩亨佐达罗展开了持续的考古工作。

四　文明特征

除了上文提到的分布范围、城市布局等方面的特征，哈拉帕文明在农业、手工业、贸易、图符文字、宗教等方面也都有明显的自身特色。

哈拉帕文明的犁耕农业发达，灌溉系统完善，可能已经出现牛拉的犁，饲养动物种类繁多，除了常见的瘤牛、水牛、绵羊、山羊、猪、狗，还有大象、猫、鸡、骆驼、马等，另外，狩猎鹿、羚羊、野猪甚至犀牛也作为肉食来源的补充。农作物有大麦、小麦、大豆、芝麻、豌豆、棉花和各类瓜果蔬菜。

当时的手工业也非常发达，考古学家在哈拉帕时期的遗址上发现了大量的纯手工业作坊遗址，如摩亨佐达罗东北 80 余千米的苏卡尔遗址专门制作石器，这里制作的石刀遍布整个哈拉帕文化。当时快轮制陶已经普遍，能制作精美的红底黑彩陶器、烧造很好的泥砖和烧成温度超过 1000℃的皂石印章等，这显示了陶器生产的进步。制铜业也有了显著发展，铜矿来源于俾路支地区、拉贾斯坦山区甚至阿曼，加入锡或砷后形成合金铜，用来生产锯、凿等工具以及青铜女像和青

铜容器如釜、盘等，当时已使用失蜡法制作铜像。当地发现的金器也
比较多。

赤陶环镯　　　　　　　　　　　贝镯

贝镯　　　　　　　　　　　　　石镯

铜镯　　　　　　　　　　　　　彩釉镯

哈拉帕文化各类质地的环镯（引自乔纳森·马克·基诺耶《走进古印度城》）

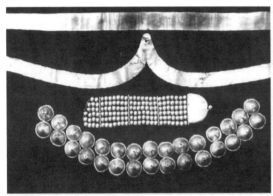

金质束发带、项梁等

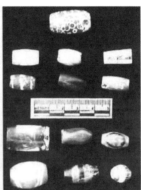

金质装饰品

玛瑙、碧石、绿石珠

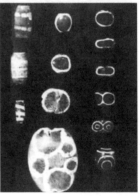

玉髓、滑石、彩釉珠

哈拉帕文化各种质地的装饰品（引自乔纳森·马克·基诺耶《走进古印度城》）

哈拉帕文明没有出现王墓和王权标志物，王权似乎并不彰显，而与贸易、宗教有关的印章在整个哈拉帕文化区广泛分布，因此学界多认为哈拉帕文明是以宗教和贸易为纽带的文明模式。

哈拉帕人建立了以成组砝码为基础的量器系统，反映了当时已经开始具有统一的商业规范。哈拉帕人从 130 万平方千米范围内甚至更远的地方获取原材料，如铜、金、石、木材等，在专业的手工业作坊中制作成各种商品。距离印度河谷达 800 千米的阿富汗巴达赫尚地区是当时世界上青金石开采的唯一矿源，这里也惊人地发现了哈拉帕文化的遗址点，出土有哈拉帕文化的陶器、犀牛印章、烧砖以及制作铜器、石器等有关的原料、工具和成品[1]。有多个证据显示，哈拉帕人与苏美尔地区的长途海上贸易已经非常频繁，公元前 2350 年阿卡德时期的一块泥板上宣称满载来自迪尔蒙、马根、梅露哈的货物的大船停靠在阿卡德的港口。迪尔蒙被认为是波斯湾的巴哈林岛，岛上发现有来自印度河流域和苏美尔地区的遗物，在阿曼和伊朗西南部的苏萨也

----

[1] 戴尔·布朗：《古印度——神奇的土地》，李旭影译，华夏出版社、广西人民出版社，2004 年。

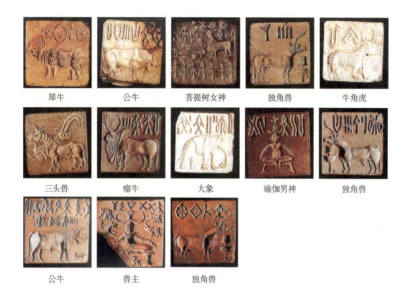

犀牛　公牛　菩提树女神　独角兽　牛角虎

三头兽　瘤牛　大象　瑜伽男神　独角兽

公牛　兽主　独角兽

哈拉帕文化印章（引自王镛《印度美术史话》）

发现了大量来自印度河平原哈拉帕文化的红玉髓珠、陶器等[1]。马根被认为是阿曼和波斯湾南北沿岸，又称马克兰地区。梅露哈则被认为是印度西海岸和古吉拉特地区[2]，在属梅露哈的洛塔尔遗址就发现过来自波斯湾的印章。从马克兰沿海地区航行到阿曼大概只需要 30~40 个小时。

[1] 戴尔·布朗：《古印度——神奇的土地》，李旭影译，华夏出版社、广西人民出版社，2004 年。
[2] 刘欣如：《印度古代社会史》，中国社会科学出版社，1990 年。

哈拉帕文明的印章颇具特色，多数是用滑石制作，经过1000℃的高温烧制而成，印章表面会形成玻璃质，少数印章是银质，共出土数千枚。通过印章将图符压印在陶器上，就表示了商品的归属、内容等相关信息，这是当时手工业、商业和贸易发展的直接物证。

印章上最显眼的位置往往是想象的动物如独角兽，或驯化的瘤牛，或大象、犀牛、水牛、鳄鱼、老虎等野生动物，独角兽印章分布广泛、使用最多，在摩亨佐达罗和哈拉帕有60%左右的印章有这种图像，可能代表某种宗教信仰，这类印章通常出自房址、地层内，而很少随葬于墓葬中。同时，在印章上侧往往有成组符号，应该是当时的文字。

除了印章等载体上的动物形象，在一些彩陶、书板、印章上还能见到以一种夸张的瑜伽形象出现的神灵，多为男性，往往头戴夸张的头饰，手上满是环镯，可能是某种重要的神灵。在书板、陶器上常常可以见到菩提树等树木的形象，说明当时还存在对树的崇拜。这些神人或动物的形象种类多样，说明了哈拉帕人信奉对象的多样性，当时应该还没有形成统一的宗教信仰。

哈拉帕文化的文字尚未被破译。早哈拉帕时期的陶器、骨器等上已经出现少量刻画符号，有时候也成组出现；考特·迪吉期的部分符

哈拉帕文化的神灵形象

（引自乔纳森·马克·基诺耶《走进古印度城》）

哈拉帕遗址出土的书版正反面

（引自乔纳森·马克·基诺耶《走进古印度城》）

号与成熟哈拉帕时期的铭文非常接近。到了公元前 2600 年前后，印章上单个的或者成组的图画符号已经很普遍，在 4000 多件文物上发现这种符号，字符数量平均 5 个，最长的 26 个，大概包括 400~450 个不同的符号，大部分出自摩亨佐达罗和哈拉帕①。

摩亨佐达罗出土的三面书版
（引自乔纳森·马克·基诺耶《走进古印度城》）

---

① 乔纳森·马克·基诺耶：《走进古印度城》，张春旭译，浙江人民出版社，2000 年。

第二篇

东亚文明圈

China and World in Liangzhu Era

良渚时代的中国与世界

第一章　中华文明的形成

根据我国的历史文献，夏朝是中国王朝的开始，目前学术界一般认为夏代包括龙山时代晚期（约公元前 2100—前 1800 年）至二里头时代（约公元前 1800—前 1500 年）[①]。但由于在处于晚商阶段的殷墟，才发现了大量青铜器以及铭刻有文字的甲骨等遗物，所以国际学术界和许多社会公众都认为中华文明始于殷商时期（约公元前 1300—前 1046 年）。

实际上，中华文明是一个广义的概念，是指以黄河流域和长江流域为中心形成的大的文明体，是多个区域文明逐步融合的产物。中华文明的形成有着深厚的史前基础。从距今 9000 年到 3800 年，中国的历史文化发展大致可分为裴李岗时代（距今 9000—7000 年）、后冈时代（距今 7000—6000 年）、庙底沟时代（距今 6000—5300 年）、

---

①　李伯谦：《关于早期夏文化——从夏商周王朝更迭与考古学文化变迁的关系谈起》，北京大学古代文明研究中心编《古代文明研究通讯》总第二期，1999 年，又刊于《中原文物》，2000 年 1 期。李伯谦：《关于夏王朝始年的一些思考》，北京大学古代文明研究中心编《古代文明研究通讯》总第三期，2000 年，又发表于《黄河文化论坛》第四辑，中国戏剧出版社 2000 年，孙庆伟：《鼏宅禹迹——夏代信史的考古学重建》，生活·读书·新知三联书店，2018 年。张忠培：《关于二里头文化和夏代考古学遗存的几点认识》，《中国历史文物》，2009 年 1 期。段天璟：《二里头文化时期的中国》，社会科学文献出版社，2014 年。

良渚时代（距今5300—4300年）和龙山时代（距今4300—3800年）[1]。

---

[1]　陈明辉：《试论裴李岗文化系统——兼谈中国裴李岗时代的文化格局》，浦江博物馆编：《上山文化论集》，中国文史出版社，2018年。

一 裴李岗时代和后冈时代：不平等的起源

　　裴李岗时代的全国遗址总数约 500 处。彼时，以水稻、粟、黍为代表的农业生产日渐普及，猪在多个地区各自得到驯化，狗是另一种重要家畜，但社会生产还处于较低的水平，仍属渔猎采集为主、农业和家畜饲养为辅的低水平的广谱生业经济[①]。位于中原（指狭义的中原）的裴李岗文化系统共发现 160 余处遗址，其中贾湖文化（指贾湖遗址二、三期）已经出现随葬品达 60 余件的大墓（M277 和 M282）和骨笛、骨板、龟甲及配套的石子等可能与原始宗教有关的特殊遗物，裴李岗文化也发现了面积达 30 万平方米的大型聚落（唐户遗址），但此时大墓与小墓混杂，还未形成专门的大墓墓区，这时还没有进入阶层社会阶段，尚处于分化社会阶段，发展水平与美索不达米亚同时期的哈拉夫文化接近。其中的裴李岗文化系统在裴李岗时代中遗址数量最多、分布区域最广、影响范围最大、发展程度最高，而绝大部分同时期文化还处于平等社会阶段。裴李岗文化系统完成了中原地区的首次

[①]　吴文婉：《中国北方地区裴李岗时代生业经济研究》，山东大学博士学位论文，2014 年。

文化整合，并深刻影响了关中地区、太行山东麓、海岱地区、峡江地区的考古学文化格局，形成了包括整个中国中东部的大范围文化交流圈，确可称最早的"中原文化区"和"早期中国文化圈的雏形"[①]。裴李岗时代形成了以贾湖文化、兴隆洼文化、高庙文化等为代表的三大艺术和原始宗教中心。

----

① 韩建业：《论新石器时代中原文化的历史地位》，《江汉考古》，2004 年 1 期，第 59-60 页。韩建业：《裴李岗文化的迁徙影响与早期中国文化圈的雏形》，《中原文物》，2009 年 2 期。

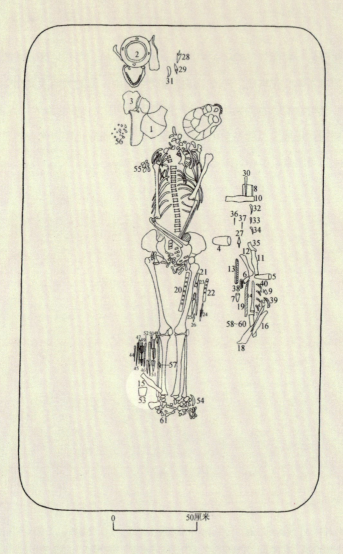

贾湖二期大墓 M282

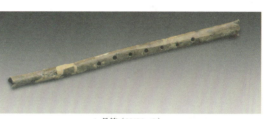

1. 骨笛（M494：2）

1. A 型叉形器（H502：1）　　　　　　　　　2. 骨笛（M511：4）

2. 龟甲（H502：3）　　　　　　　4. 龟甲（H502：3、H502：4、H502：5、H502：6）（上
　　　　　　　　　　　　　　　　排从左到右）、（H502：7、H502：8、H502：9、
　　　　　　　　　　　　　　　　H502：10）（下排从左到右）

贾湖遗址出土的龟甲、骨笛等特殊遗物

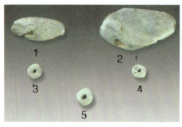

1. 穿孔石器（M478：5）2. 穿孔石器（M478：6）
3. 穿孔石饰（M478：3）4. 穿孔石饰（M478：4）
5. 穿孔石饰（M478：2）

1. 三角形坠饰（M451：7、
M451：6）（从左至右）

2. 棒形饰（M506：2）（左）
三角形坠饰（T41②：4）（右）

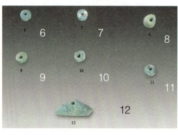

6. 穿孔石饰（T40③B：2）7. 穿孔石饰（M477：4）
8. 穿孔石饰（M477：3）9. 穿孔石饰（M477：5）
10. 穿孔石饰（M477：7）11. 穿孔石饰（M477：
8）12. 三角形坠饰（M477：6）

3. 玉璜正面（T44②：1）

4. 玉璜背面（T44②：1）

贾湖遗址出土的绿松石饰品及玉璜

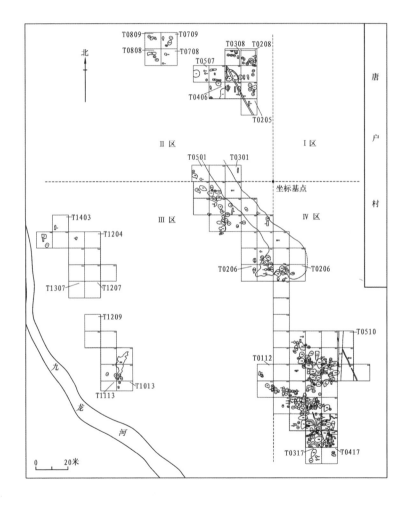

唐户遗址遗迹分布图

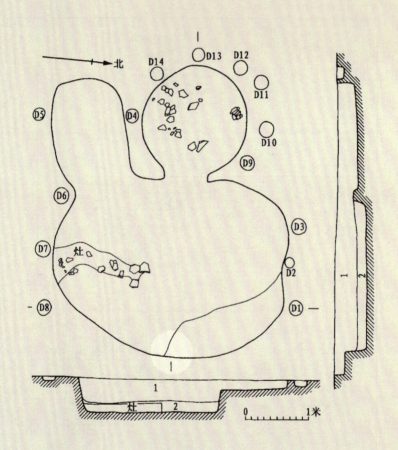

北

D14 D13 D12 D11 D10 D9 D5 D4 D6 D3 D7 灶 D2 D8 D1

0 1米

唐户 F3 平面图

　　后冈时代农业和家畜饲养业持续进步，至后冈时代晚期（距今6500—6000年），黍粟和水稻完成驯化过程，在部分区域，农业和家畜饲养业开始成为主要的食物来源[1]。后冈时代早期阶段的镇江营一期文化、下王岗一期文化、后岗一期文化、大河村一期文化、北辛文化、枣园文化、半坡文化等继承了大量裴李岗文化系统的因素[2]，原有的文化传统发生了断裂。尤其是后冈时代晚期，在早庙底沟文化的影响下，以后岗一期文化为代表的中原（狭义）文化对中国中东部产生了巨大的影响，形成了包括大部分中国中东部地区的鼎文化圈，深刻地影响和改变了西辽河地区、海岱地区、环太湖地区和江汉地区的文化格局，红山早期、北辛晚期、马家浜晚期、边畈文化等都是后冈一期文化系统强烈冲击下的产物，这是中原文化第一次向外的大迁徙，加速了中原以外地区的开发速度和文化进程。这一时期可称为后冈时

---

[1]　赵志军：《中国古代农业的形成过程——浮选出土植物遗存证据》，《第四纪研究》，第34卷第1期，2014年1月。郑云飞、蒋乐平、Gary W.Grawford：《稻谷遗存落粒性变化与长江下游水稻起源和驯化》，《南方文物》，2016年3期；马永超：《长江下游地区的水稻驯化过程——水稻扇形植硅体的证据》，山东大学硕士学位论文2016年。

[2]　陈明辉：《试论裴李岗文化系统——兼谈中国裴李岗时代的文化格局》，浦江博物馆编：《上山文化论集》，中国文史出版社，2018年。

代 [1]。新出现了城址聚落（仅城头山一例）以及大量面积达数十万平方米的中心聚落，部分遗址中出现随葬品丰富的大型墓葬，如马家浜晚期阶段的东山村遗址的 M101（约公元前 4000 年前后）、大溪文化的城头山遗址 M678（约公元前 4000 年前后）等，但还未出现大墓墓地，占据社会顶端的贵族阶层没有形成，与裴李岗时代一样仍处于分化社会的发展阶段。

....

① 陈明辉：《距今 6000 年前后环太湖流域的文化格局——兼论后冈时代》，浙江省文物考古研究所编：《崧泽文化学术研讨会论文集（2014）》，文物出版社，2016 年。

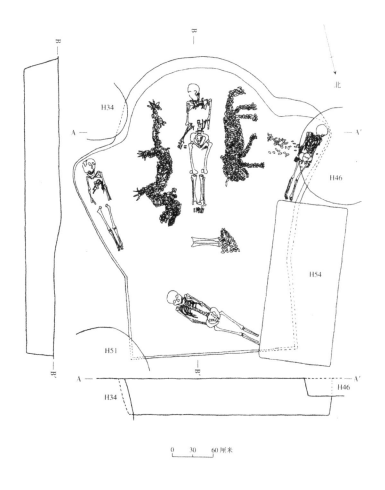

濮阳西水坡后冈一期文化蚌壳摆塑龙虎图

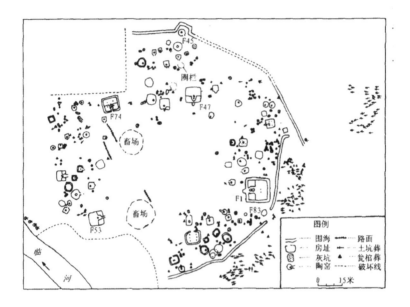

临潼姜寨半坡文化环壕聚落

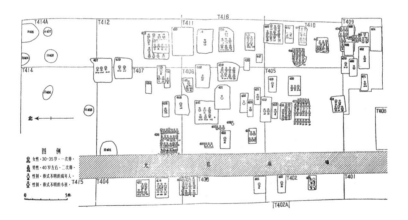

华县元君庙半坡文化墓地

二　庙底沟时代：黄帝时代

　　庙底沟时代[①] 社会发展迅速，农业经济进一步发展，农作物、家养动物普遍成为主要的食物来源，遗址数量和聚落规模成倍扩大，轮制陶器普遍出现，陶器、石器、骨器等生产已经步入规模化、专业化，玉礼器和彩陶礼器系统初创，并在很大范围内传播、互通，反映了日益普遍的跨区域的文化交流和贸易往来。面积在 100 万平方米左右的超大型聚落也已经出现，多集中于关中东部和豫西地区的庙底沟文化分布核心区，如凌家滩（160 万）、南寨子（150 万）、杨官寨（100 万）[②]、泉护（93.5 万）、北阳平（90 万），城址聚落数量较前期

[①] 韩建业：《庙底沟时代与"早期中国"》，《考古》，2012 年 3 期。陈星灿：《庙底沟时代：早期中国文明的第一缕曙光》，《中国文物报》，2013 年 6 月 21 日第 5 版。

[②] 陕西省考古研究院：《陕西高陵县杨官寨新石器时代遗址》，《考古》，2009 年 7 期。陕西省考古研究院：《陕西高陵杨官寨遗址发掘简报》，《考古与文物》，2011 年 6 期。陕西省考古研究院史前考古研究室：《2008—2017 陕西史前考古综述》，《考古与文物》，2018 年 5 期。陕西省考古研究院、高陵区文体广电旅游局：《陕西高陵杨官寨遗址庙底沟文化墓地发掘简报》，《考古与文物》，2018 年 4 期。

增加，如龙嘴、谭家岭、走马岭、阴湘城，面积均不大，为数万平方米到二十余万平方米，聚落分化日趋明显；另外出现了家族式大墓墓地，如凌家滩、东山村，标志着血缘贵族阶层的出现。庙底沟文化系统整合了半坡和后冈一期文化两支文化系统，完成了广义中原的真正意义上的文化整合，独具特色的彩陶向外流传极广、影响深远，开创了一个全新的时代，不少学者认为这可能就是传说中的黄帝时代[①]。以庙底沟文化、凌家滩文化、崧泽文化、油子岭文化、大汶口早期为代表的强势文化已经进入初级文明和阶层社会的发展阶段[②]。其中崧泽文化和凌家滩文化对良渚文明的产生起到了至关重要的作用。

[①] 王仁湘：《史前中国的艺术浪潮——庙底沟文化彩陶研究》，文物出版社 2011 年。韩建业：《庙底沟时代与"早期中国"》，《考古》，2012 年 3 期。卜工：《文明起源的中国模式》，科学出版社，2007 年。
[②] 李伯谦称之为古国时代，参见李伯谦：《中国古代文明研究的三个阶段》，《文明探源与三代考古论集》，文物出版社，2011 年。

庙底沟遗址 H9 出土的庙底沟文化彩陶

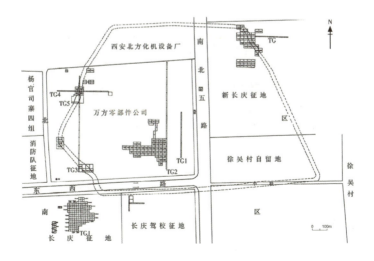

杨官寨遗址的庙底沟文化环壕聚落

杨官寨环壕西门址

陶祖　　　　　　　　镂孔人面纹盆　　　　　　　　蜥蜴纹彩陶盆

杨官寨环壕中出土的陶器组合及特殊陶器

杨官寨庙底沟文化墓地航拍及墓葬举例

杨官寨墓葬

偏洞室墓 M234 及墓道东侧柱洞遗迹（南→北）（上左）

偏洞室墓 M323 及出土尖底瓶（南→北）（上右）

竖穴土坑墓 M31I（南→北）（下左）

带二层台墓葬 M212（南→北）（下右）

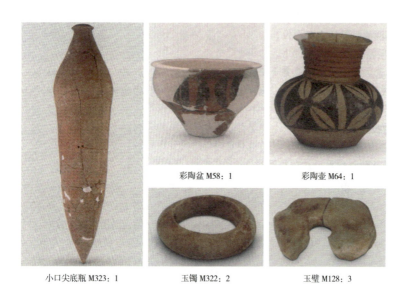

小口尖底瓶 M323：1　　　　　彩陶盆 M58：1　　　　　彩陶壶 M64：1

玉镯 M322：2　　　　　玉璧 M128：3

玉钺 M302：1　　　　　石串珠 M71：1

杨官寨庙底沟墓地随葬品

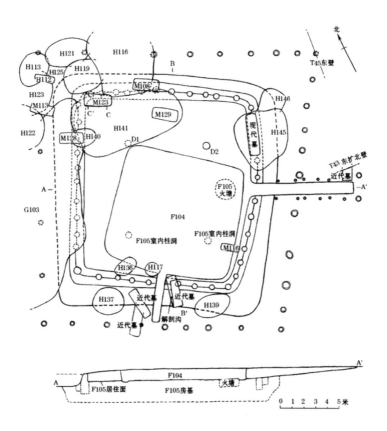

西坡遗址庙底沟文化大型房址

三 良渚时代：国家的出现

中华文明探源工程碳十四数据的完善，使我们对龙山时代有了新的认识，良渚文化、大汶口文化、庙底沟二期年代下限均在公元前2300年，早于龙山文化，因此不宜归入龙山时代。鉴于良渚文化在追溯早期文明和国家中的重要引领作用及其对外造成的影响力，我们提出用良渚时代来指代整个中国距今5300—4300年的时间段。这一时期以良渚为代表的早期国家和成熟文明开始出现，以犁耕农业为代表的集约农业日益成熟，家畜饲养在肉食来源中占据了绝对主导地位，以玉琮、玉钺、玉璧为代表的高端手工业品传播广泛，出现了良渚、石家河这样面积达数百万平方米的超大型城址聚落，聚落内部出现宫殿区、王陵等要素，城市化已达到很高的水平。

良渚时代代表性的考古学文化主要有大汶口中晚期、屈家岭文化、仰韶晚期至庙底沟二期、红山晚期至小河沿文化以及薛家岗晚期、昙石山文化、樊城堆文化、石峡文化、哨棚嘴文化、营盘山文化、小珠山中层文化、偏堡子文化、左家山上层文化等。这个时代的文化、人群迁徙范围广阔，文化格局的大势是"大中原文化区"发展势头较弱，周边文化发展强势，尤其是大汶口文化、屈家岭文化和良渚文化都曾对中原的文化发展进程产生了强烈的影响，形成史前时期的"逐鹿中原"的景象①。

---

① 孙广清：《河南境内的大汶口文化和屈家岭文化》，《中原文物》，2000 年 2 期。许永杰：《距今五千年前后文化迁徙现象初探》，《考古学报》，2010 年 2 期。

四 龙山时代：万邦林立

　　龙山时代是一个充满活力的时代，大致可以距今 4100 年为界分为早晚两大阶段，这一时期出现了面积达 300 万平方米以上、多重格局且居住人口数万的超大型城址聚落，如石峁、陶寺等，其内往往发现大型宫殿区和王族墓地，同时期还有上百处面积在数万至数十万平方米的城址，以及大量百万平方米左右的聚落，是一个英雄辈出、"万邦林立"的时代。陶寺城址的发展壮大以及狭义中原地区王城岗、古城寨、新砦等十余座中小型城址的出现，标志着大中原文化区再次兴盛。来自西亚和中北亚地区的青铜技术、小麦、大麦、绵羊、山羊、黄牛等的传入，也在一定程度上刺激了龙山社会的发展。以石峁为代表的北方文化区迅速发展，形成了强势的西北半月形文化带，同时期以环太湖、海岱地区、江汉地区为代表的东南半月形地带则进入间歇期和转型期。

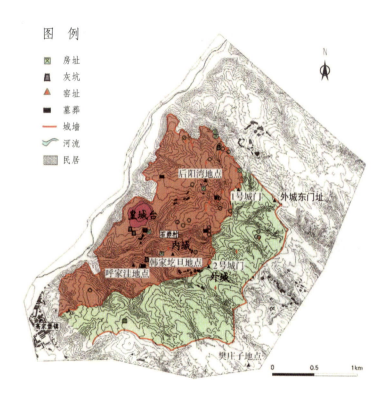

图　例

房址
灰坑
窑址
墓葬
城墙
河流
民居

N

后阳湾地点

1号城门

外城东门址

皇城台

石峁村

内城

呼家洼地点

韩家圪旦地点

2号城门

外城

高家堡镇

樊庄子地点

0　　　　0.5　　　　1km

石峁遗址平面布局示意图

石峁城址总平面图

石峁城址皇城台门址、护墙及出土遗物

皇城台远景（东—西）（上）

皇城台东部地形及发掘位置（东—西）（中左）

皇城台东坡北部地势及发掘位置（南—北）（中右）

皇城台门址平面结构（上为西）（下左）

皇城台东护墙北段上部第二、三阶护墙（北—南）（下右）

内城西南墙 A 段　　　　　　　　　　　　　　内城西南墙 B 段

石峁城址内城城墙

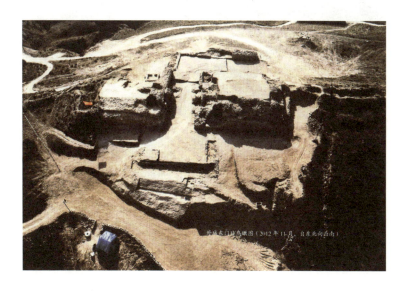

外城东门遗鸟瞰图（2012 年 11 月，自东北向西南）

石峁城址外城东门址

221

石峁外城城墙内嵌玉钺

陶寺中期大墓

　　在龙山时代的基础上二里头文明诞生了，以中原为中心的统一的中华文明正式形成。中国最早的青铜礼器系统、青铜文明、广域王权国家和中原中心政治格局也在这一大背景下诞生了①。

---

①　许宏：《"连续"中的"锻炼"——一个关于中国文明与早期国家形成过程的思考》，《文物》，2001 年 2 期；李宏飞：《铜器对早期中国社会变迁的作用试析》，《南方文物》，2011 年 4 期；许宏：《公元前 2000 年前后的中原社会：青铜催生"中国"？》，《大众考古》，2015 年 11 期；李旻：《重返夏墟：社会记忆与经典的发生》，《考古学报》，2017 年 3 期。

China and World in Liangzhu Era

良渚时代的中国与世界

第二章　东南半月形地带的兴起

一 良渚：东亚最早的国家社会

距今 7000 年前后，环太湖地区逐渐成陆，形成与现在接近的地貌环境。环太湖地区总面积为 3.65 万平方千米，北临长江，南至钱塘江，西至天目山脉及茅山山脉，东滨东海，是长江和钱塘江的冲积平原，地势低平，海拔多在 3 米左右，河网密布、水源丰富、土壤肥沃，非常适合农业的发展。由于地处亚热带季风气候区，四季分明，夏季高温，夏季前后梅雨和台风也会带来大量降雨，多年平均降雨量为 1100 多毫米，夏季偶发洪水和干旱，会对该区域唯一的农作物水稻的收成造成威胁。环太湖地区西依天目山脉，石材、木材等资源丰富，或许也出产玉材。

距今 7000 年之前，环太湖地区只在靠山位置发现一处跨湖桥文化的遗址，但仅仅是昙花一现，与之后的文化序列无关[1]，随后即为前后相接的马家浜时期（距今 7000—5900 年）、崧泽时期（距今

---

[1] 目前仅发现一处，即属良渚遗址群的余杭火叉兜遗址，浙江省文物考古研究所赵晔先生发掘。

5900—5300 年）、良渚时期（距今 5300—4300 年）以及钱山漾时期
（距今 4300—4100 年）和广富林时期（距今 4100—3800 年）。

（一）马家浜时期

马家浜时期可以距今 6300 年为界区分早晚两个阶段。

马家浜早期约距今 7000—6300 年，这一时期为环太湖文化区的
形成阶段，在双墩文化的南向影响下，形成了骆驼墩文化及其派生的
吴家埠遗存、邱城遗存、祁头山遗存和罗家角遗存，遗址数量仅 10
处左右[①]。遗址面积不大，差异不明显，未出现中心性聚落。从墓葬、
房址等遗迹看不出明显的贫富分化和社会分化现象。生计类型是以狩
猎采集为主、稻作农业为辅[②]。遗物以日常生活用品为主，手工业处于
较低的发展水平，未发现奢侈品，可能已有玉器制作的装饰品，但数
量不多。遗址分布于靠山的环太湖地区西部。这一时期是社会分化尚

---

① 陈明辉：《距今 6000 年前后环太湖流域的文化格局——兼论后冈时代》，浙
江省文物考古研究所编：《崧泽文化学术研讨会论文集（2014）》，文物出版社，
2016 年。
② 宋艳波：《马家浜文化早期的生业经济研究——以动物考古学为视角》，《东
南文化》，2017 年 5 期。

未出现的平等社会，发展水平接近于苏美尔地区的欧贝德早期阶段。

马家浜晚期距今 6300—5900 年，遗址数量大增，达 75 处。在来自中原和皖北的后冈一期文化系统和侯家寨文化的影响下，太湖东北、太湖以西、太湖以南分别形成圩墩文化、薛城文化和庙前文化[①]。遗址面积差异较大，东山村为太湖东北的中心聚落，三星村为薛城文化的中心聚落，与环太湖相邻的宁镇地区的北阴阳营则是北阴阳营文化的中心聚落。玉玦、玉璜等玉器成为身份地位的象征，此时还主要是作为武器或工具的石钺也已出现。遗址仍主要分布于环太湖西部地区，并逐步向东部地区及相邻的金衢盆地和宁绍平原扩展，形成了比较大的文化系统，整个文化系统遗址总数已达 120 余处。这时环太湖地区与江汉平原、海岱地区都有密切的文化交流。这里还发掘出了小规模的有简单灌溉的水稻田遗迹（草鞋山、绰墩）。在马家浜时期，尤其是在马家浜晚期，水稻性状渐趋稳定并逐渐达到现代驯化水平，说

---

① 陈明辉：《距今 6000 年前后环太湖流域的文化格局——兼论后冈时代》，浙江省文物考古研究所编：《崧泽文化学术研讨会论文集（2014）》，文物出版社，2016 年。

明了农业有了进一步的发展[①]。公元前 4000 年前后，东山村遗址出现编号为 M101 的早期的权贵大葬，墓中随葬品共 33 件（套），其中玉器 21 件，玉器种类有玉璜、玉玦、玉管等，均为装饰用玉，尚未出现礼仪性玉器，说明 M101 墓主属富裕阶层，但尚未获得特殊的宗教和世俗权力。尽管如此，M101 的出现足以说明马家浜晚期已发展为社会达到一定分化的等级社会，但发展水平明显落后于欧贝德晚期，而与更早的哈拉夫文化接近。值得注意的是，M101 与随后崧泽早中期大墓位于同一墓地，后者可能是 M101 继承者们的墓地。

（二）崧泽时期

一般根据南河浜等遗址的分期，可将崧泽文化分为早、中、晚三期。

崧泽早期距今约 5900—5600 年，遗址数量不明，大概与马家浜晚期接近或有少量增加，向太湖东部发展的趋势日益明显。这时崧泽

[①]　郑云飞、蒋乐平、Gary W .Grawford：《稻谷遗存落粒性变化与长江下游水稻起源和驯化》，《南方文物》，2016 年 3 期；马永超：《长江下游地区的水稻驯化过程——水稻扇形植硅体的证据》，山东大学硕士学位论文 2016 年。

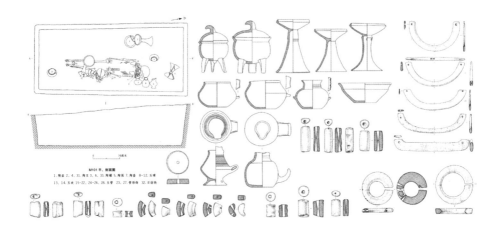

东山村遗址出土的马家浜时期高等级墓葬 M101

文化与分别分布于江汉平原、海岱地区的油子岭文化、大汶口文化之
间有密切的文化交往，构成了围绕中原地区的半月形文化带。这一时
期最重要的发现是东山村遗址，遗址面积接近 27 万平方米，Ⅰ区主
要埋设小型墓葬，Ⅱ区主要为居住区，Ⅲ区则主要埋设大型墓葬，功
能分区明显。考古学家清理了一批崧泽文化早中期的贵族大墓，Ⅲ区
清理墓葬 15 座、灰坑 4 座、灶 2 座，其中 M76、M83、M85、M87、
M99 这五座墓葬随葬品较少，分别为 5~13 件，另有 10 座崧泽文化
早中期的大型墓葬共同组成的占地面积约 300 平方米的墓地，墓坑一

东山村遗址崧泽早中期墓葬分布图

般长 3 米、宽 1.6 米，随葬品多在 30 件以上，以陶器为主，玉石器为辅 [①]。玉器数量大增，除了玉玦、玉璜、玉镯、管珠等装饰品之外，新出现了玉钺（东山村、仙坛庙、南河浜），石钺也被普遍随葬，说明当时已经出现礼仪化的世俗权力，并被一个特定的阶层所掌控。李

---

① 南京博物院、张家港市文管办、张家港博物馆：《东山村》，文物出版社，2016 年。

伯谦先生认为这一时期已出现初级王权，从而进入了复杂社会的高级
阶段——古国阶段 ①。在大约同时期的凌家滩和大汶口也能观察到同样
的社会分化现象。此时已进入阶层社会，发展水平接近于欧贝德晚期
至乌鲁克早期。

① 李伯谦：《崧泽文化大型墓葬的启示》，李伯谦：《崧泽文化大墓的启示》，
《历史研究》，2010 年第 6 期及《古代文明研究通讯》，总第 44 期，北京大学
震旦古代文明研究中心，2010 年。

东山村崧泽文化 M90

　　崧泽晚期距今约 5600—5300 年，遗址数量约 130 处。此时环太湖东部平原地区得到了大规模的开发，出现了大量人工营建的台墩型遗址，尤其是嘉兴一带的海宁桐乡海盐遗址群，聚落分布相当密集。遗址面积最大者达三四十万平方米，赵陵山遗址面积为 16 万平方米。其最早阶段的遗存即属崧泽晚期，考古学家发现了属于这一时期经过多次人工营建的面积超过 6500 平方米的土台，人工堆筑厚度约 4 米。这一时期，农业得到快速发展，石犁等农业工具开始出现并普及，标志着农业发展从耜耕进入犁耕阶段，稻作农业正式取代渔猎采集成为最主要的生计类型，筑土堆墩则成为营建遗址的主流方式，这一过程需要更多的人力协同工作，这些无疑都有利于推动社会复杂化的发展 [1]。遗憾的是，虽然赵陵山等崧泽晚期遗址不少经过了大规模发掘，但目前仍未发现等级超过东山村崧泽早中期大墓墓地的相关材料。专业化生产的多种多样的以素面为主的陶器组合，反映了当时陶器制作的水平和生活内容的多样化，尤其是当时新出现了一批以塔形壶、人首壶、鹰首壶、陶龟等为代表的祭祀用器 [2]。

....

① 王宁远：《从村居到王城》，杭州出版社，2013 年。
② 浙江省文物考古研究所、良渚博物院：《崧泽之美》，文物出版社，2014 年。

赵陵山崧泽晚期台地及崧泽至良渚墓葬分布图

（三）良渚时期

　　良渚时期大体可以距今 4900 年为界分为早晚两个阶段。早期可分为前后两段，早段约距今 5300—5100 年，晚段约距今 5100—4900 年。遗址分布相当密集，据不完全统计，或有上千处遗址。根据良渚古城所在 100 平方千米范围的不完全勘探资料，良渚古城所在的 100 平方千米范围内就已确认近 300 处台地遗址。根据最新三普资料，桐乡海宁海盐遗址群也有 200 余处遗址。良渚文化分布的核心区约 3.65 万平方千米；良渚文化系统分布于宁镇地区、苏北地区、金衢盆地、宁绍平原等，面积约 15 万平方千米；良渚文化系统影响区域范围更大，如同时期的大汶口、石峡、薛家岗、屈家岭等均受到良渚文化或多或少的影响，面积约 70 万平方千米；良渚文化系统传承区是指龙山时代出土良渚式玉琮、玉璧的分布区，这一传承区范围极为宽广，囊括了甘青、晋南、陕北、江汉平原等中国中东部的绝大部分范围，面积约 170 万平方千米。

　　良渚文明形成的物质基础是在崧泽时期奠定的，但良渚文化并没有继承崧泽文化以世俗权力为主导的社会控制模式，而采用了凌家滩文化以神权和王权相结合的模式，良渚古城及良渚文明的兴起或许与以凌家滩为主体包括以宁镇地区和西苕溪流域为代表的人群的涌入、玉礼器系统的传入及其文明模式的移植有着密切关系[1]。140万平方米的中心聚落、随葬大量玉石礼器的大型墓地以及面积达1200平方米的祭坛的发现证实巢湖流域的凌家滩遗址早在相当于崧泽早中期这一阶段就已进入早期文明社会，仅从其物质表象来看，其发展水平甚至似乎超过同时代的乌鲁克早中期。

① 张弛：《良渚社会的基本结构及其形成过程》，《新世纪的考古学——文化、区位、生态的多元互动》，紫禁城出版社，2006年；田名利、甘恢元：《凌家滩文化与崧泽——良渚文化玉器的初步认识》，《玉魂国魄（四）》，浙江古籍出版社，2010年；方向明：《良渚玉器刻纹研究之二——再论龙首纹和兽面纹》，《玉魂国魄（四）》，浙江古籍出版社，2010年。

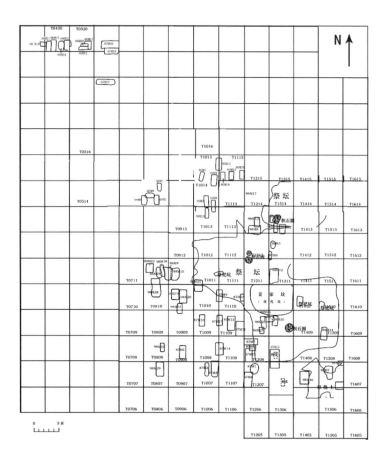

凌家滩墓地

凌家滩大墓 07M23 出土玉器（俯视，镜向西）

    良渚早期早段的代表性遗址有太湖西南部的瑶山、官井头、庙前，太湖东南部的普安桥，太湖东部的张陵山、赵陵山、福泉山以及太湖北部的高城墩、罗墩等。其中太湖西南部的良渚区块在马家浜和崧泽时期遗址均不超过 10 处，到良渚早期早段一跃成为良渚文化的核心区域，其中瑶山为特意选址修建的仪式中心和王陵墓地，瑶山墓地共发现 13 座大墓，墓葬之间等级差异明显，其中 M12 尽管被盗，但出土大琮（大琮目前仅发现于良渚早期的瑶山 M12、反山 M12 和良渚晚期的寺墩 M3，很可能是王权和最高神权的排他性标志物），推

测墓主为良渚文化第一代王者。此时，玉礼器系统（除玉璧）已经创立，反映统一信仰的神徽已经形成，玉礼器系统及神徽信仰开始对外辐射，玉架山、高城墩等相关玉琮的发现 [1] 大致可认为是统一王权和神权对外扩张和影响的产物。

[1]　高城墩与反山、瑶山、塘山、汇观山出土玉器的微量元素组成接近，参考顾冬红、董俊卿、赵虹霞、干福熹等：《江阴高城墩遗址出土玉器的检测和分析报告》，《高城墩》，文物出版社，2009 年；GAN FuXi etc. "The non-destructive analysis of ancient jade artifacts unearthed from the Liangzhu sites at Yuhang, Zhejiang, " *Science China: Technological Sciences*, December 2010, Vol.53, No.12: 3404-3419。高城墩的玉器从形制、纹饰与瑶山高度一致，可能是良渚古城的玉工制作并通过良渚古城的统治者分派馈赠出去的，参考中村慎一：《良渚文化的遗址群》，北京大学中国考古研究中心编：《古代文明》（第 2 卷），文物出版社，2003 年。

高城墩良渚文化贵族墓地

瑶山良渚早期祭坛及贵族墓地

241

高城墩良渚早期 M13 出土玉琮

　　良渚早期晚段，太湖西南部的良渚区块继续发展，良渚古城的主体框架在距今 5000 年前后基本成型，城内的反山、姜家山、莫角山，城外的水利系统和城墙建造大概都在这一时期陆续完成 [①]，卞家山、文家山也已形成，土方量达 917 万立方米 [②]，古城系统占地面积已达 100 平方千米，包括临平遗址群在内的城市腹地面积达 1000 平方千米。考古学家在反山墓地中共清理了 9 座良渚早期晚段的大墓，墓葬之间存在一定的等级差异，其中最高等级的墓葬 M12 出土了王权和最高神权的排他性标志玉琮王（即大琮）和玉钺王，应是瑶山 M12 之后的另一代王者。这时期已经吸收了可能原创于张陵山一带的玉璧，玉礼器系统更为完备，并首次出现完整的神徽形象，进一步奠定了良渚古城在整个良渚文化的核心地位，与此同时期的其他良渚文化遗址都远远无法与之媲美。这时，环太湖地区已经形成都（面积超过 300 万平方米，仅良渚古城）、城（面积数十万至百万平方米，如福泉山、玉架山）、镇（面积十余万平方米，如赵陵山）、村（面积数千至数万平方米，如庙前）四级聚落结构。

....

① 秦岭、刘斌、王宁远、吴小红：《良渚遗址群的形成——年代学初步研究》，浙江省文物考古研究所编：《良渚古城综合研究报告》，文物出版社，2019 年。
② 刘斌、王宁远、陈明辉、朱叶菲：《良渚：神王之国》，《中国文化遗产》，2017 年 3 期。

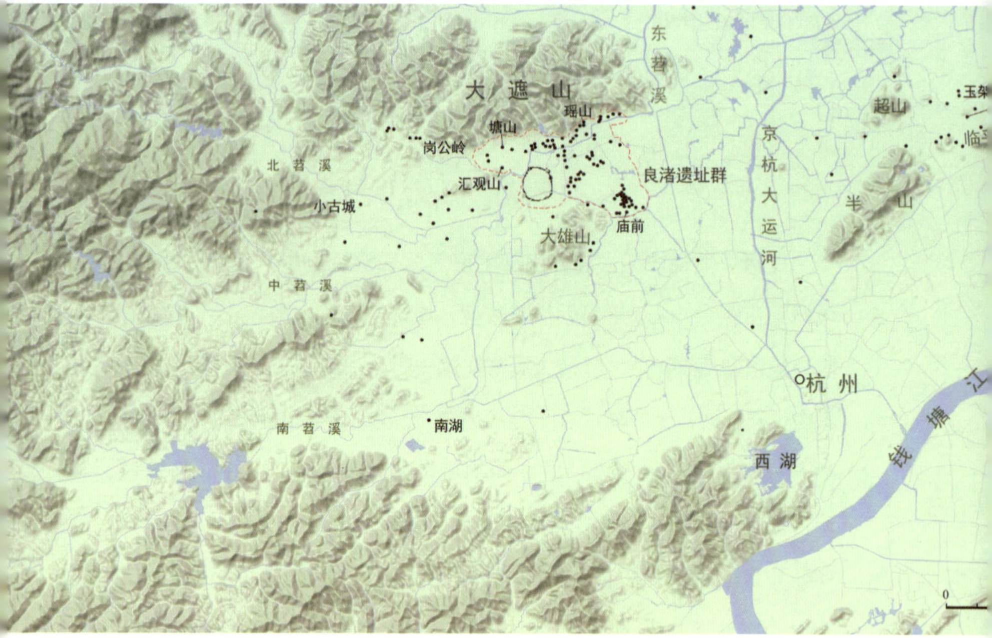
东
苕
溪
大 遮 山
瑶山
塘山
岗公岭
北 苕 溪
汇观山
良渚遗址群
小古城
庙前
大雄山
中 苕 溪
京
杭
大
运
河
超山
半
山
杭 州
南 苕 溪
南湖
西 湖
钱
塘
江
0

C 形盆地及其内的良渚文化遗址分布图

良渚古城及外围水利系统分布图

扁担山　　　　和尚地

美人地

里山

郑村

莫角山

家山

高村

古杨家村　　东杨家村

卞　家　山

良渚古城结构 DEM

246

莫角山宫殿区遗迹分布图

反山王墓 M12

反山 M12 玉琮王及其上的神徽

反山 M12 玉钺王

　　良渚晚期良渚古城的结构继续扩展，达到繁荣期，外城扩建完成后，最终形成宫殿区、城内核心区、内城、外城等占地面积达 6.3 平方千米的多重结构的城市格局，外围发现数百处面积在数千至数万平方米的台墩遗址，整个城市系统占地面积仍有 100 平方千米左右。可惜未发现这一时期的王陵级别的墓地。这时太湖北部的寺墩遗址面积发展到 90 万平方米，寺墩 M3 属良渚晚期晚段，墓中随葬大琮，遗址内另采集大琮 1 件，推测在良渚晚期晚段，寺墩成为与良渚古城竞争的政治实体。另外，这一阶段比较重要的遗址还有横山、姚家山、邱承墩、草鞋山、福泉山等。

寺墩玉墓 M3

寺墩 M3 出土玉琮

福泉山吴家场大墓 M207

福泉山吴家场 M207 出土的象牙权杖

　　良渚文化时期，水稻是唯一的农作物，[①]且稻作水平非常发达。在茅山遗址发现面积达 55000 平方米的良渚晚期大型稻田区，测算水稻亩产达 141 千克[②]，古城内发现储藏量分别达 1.3 万千克和数十万千克的碳化稻谷堆积；家畜饲养以猪为主，另有狗，动物骨骼中家猪的比例普遍达到 80% 左右。手工业发达，除了陶器、石器等一般的手工业制品外，还出现高端手工业如玉器、漆器制造业，可能也有丝织业[③]。神权和王权在良渚社会中地位突出，神徽信仰普遍存在于整个环太湖地区并贯穿良渚文化早晚期[④]，不同区域出土的神徽大同小异，几乎达到一神教的地步[⑤]。从墓地看社会等级分化，可分为王陵墓地（瑶山、

[①]　赵志军：《中华文明形成时期的农业经济发展特点》，《中国国家博物馆馆刊》，2011 年 1 期。

[②]　郑云飞、陈旭高、丁品：《浙江余杭茅山遗址古稻田耕作遗迹研究》，《第四纪研究》，第 34 卷第 1 期，2014 年 1 月。

[③]　赵丰：《良渚织机的复原》，《东南文化》，1992 年 2 期。

[④]　秦岭：《权力与信仰——解读良渚玉器与社会》，《权力与信仰——良渚遗址群考古特展》，文物出版社，2015 年；方向明：《控制中的高端手工业——良渚文化琢玉工艺》，《权力与信仰——良渚遗址群考古特展》，文物出版社，2015 年。

[⑤]　张弛：《良渚文化大墓试析》，北京大学考古学系《考古学研究》（三），科学出版社，1997 年；刘斌：《神巫的世界》，浙江古籍出版社，2007 年；方向明：《聚落变迁和统一信仰的形成：从崧泽到良渚》，《东南文化》，2015 年 1 期；赵辉：《从"崧泽风格"到"良渚模式"》，《权力与信仰——良渚遗址群考古特展》，文物出版社，2015 年。

反山）、高等级贵族墓地（姜家山）、低等级贵族墓地（文家山）、平民墓地（卞家山），可能还有丛葬墓（赵陵山），这些墓地等级差异显著，阶层分化鲜明，王陵墓地和贵族墓地一般都包含 10~20 座墓葬，反映了一种家族式埋葬的习俗。[1] 遗憾的是，尽管现今已经不完全统计出 656 个刻画符号，且有不少成组图符，这些符号无疑是当时重要的记录系统，堪称原始文字[2]，但目前还很难破译这些文字。

良渚社会创造了复杂、辉煌的物质文化，有着鲜明的自身特色。近年来，良渚古城的研究成果得到国内外著名学者的高度认可。严文明指出："假若良渚是一个国都的话，那么（福泉山、寺墩等）就是各个州郡所在地，这就是一个很像样的广域王权国家了。"[3] 赵辉也认为良渚是以良渚古城为中心的，"中央"联系着各个"地方"中心的"地

---

① 张弛：《良渚文化大墓试析》，北京大学考古学系《考古学研究》（三），科学出版社，1997 年；张忠培：《良渚文化墓地与其表述的文明社会》，《考古学报》，2012 年 4 期。

② 良渚博物院：《良渚文化刻画符号》，上海人民出版社，2015 年；曹锦炎、方向明：《浙江地区史前刻画符号概述》，《中国考古学会第十一次年会论文集 2008》，文物出版社，2010 年。

③ 严文明：《华夏文明五千年，伟哉良渚》，《中国文物报》，2016 年 12 月 2 日第五版。

域国家"①。伦福儒与刘斌撰文从良渚古城的结构、早期水资源管理的规模、良渚玉器和贵族墓葬的等级和良渚文化玉器上的神人兽面纹等四个方面展开论述，指出良渚古城已展现出强大的社会组织能力，良渚的复杂程度超过巨石阵、瓦尔纳墓地等仪式中心或墓地所代表的酋邦社会，可能是东亚最早的国家社会②。

公元前 2300 年前后，良渚文化衰落，良渚国家和社会崩溃。环太湖地区先后出现钱山漾文化和广富林文化两支受到皖北豫东影响的考古学文化，发现遗址均不多，且暂时没有发现中心聚落和大型墓葬，社会分化不显著，生计类型转向以狩猎为主的低水平食物生产阶段。

----

① 赵辉：《良渚的国家形态》，《中国文化遗产》，2017 年 3 期。
② Colin Renfrew，Bin Liu："The emergence of complex society in China: the case of Liangzhu"，*Antiquity*，92，364(2018):975-990，中文版见科林·伦福儒、刘斌：《中国复杂社会的出现：以良渚为例》，陈明辉等译，《南方文物》，2018 年 1 期。科林·伦福儒撰写的《世界早期复杂社会视野下的良渚古城》（《中国文化遗产》，2017 年 3 期）一文也可供参考。

二　东方的崛起与扩张

海岱地区以现在的山东为中心，同时包括邻近的皖北、苏北、豫东等。海岱地区经历了后李时期、北辛时期、大汶口早期、大汶口中晚期、龙山时期等发展阶段。其中大汶口中期相当于良渚早期，大汶口晚期相当于良渚晚期，这一点很早就被考古学家所认识[①]。

海岱地区共发现大汶口中晚期遗址超过 500 处，面积最大的约 100 万平方米左右，如鲁北的焦家、鲁中南的大汶口等。大汶口遗址的墓葬材料丰富，可分为大、中、小三个等级，从大汶口早期开始的社会分化现象[②]到大汶口中晚期更加明显。大汶口早期偏晚阶段的

---

① 栾丰实：《良渚文化的分期与年代》，《东南文化》，1989 年 6 期；栾丰实：《良渚文化的分期与分区》，徐湖平：《东方文明之光——良渚文化发现 60 周年纪念文集》，海南国际新闻出版中心，1996 年。
② 山东省文物管理处、济南市博物馆：《大汶口——新石器时代墓葬发掘报告》，文物出版社，1974 年。山东省文物考古研究所：《大汶口续集——大汶口遗址第二、三次发掘报告》，科学出版社，1997 年。张弛：《五千年前的社会权力形态——以大汶口（早期）、东山村与凌家滩大墓为例》，《社会权力的起源——中国史前葬仪中的社会与观念》，文物出版社，2015 年。

大墓以大汶口遗址第二、三次发掘的 M2005 等为代表，第二、三次发掘的早期大墓较集中分布于第一墓组，可能代表较富裕的家族，如 M2005，墓主为成年男性，长方形竖穴土坑，长 3.6 米、宽 2.28 米、深 1.13 米，随葬品 104 件，陶器 58 件、石器 2 件、象牙器 44 件，包括牙束发器、獐牙等，年代属大汶口早期偏晚。大汶口中期大墓以大汶口遗址第一次发掘的 M13、M26 等为代表，M26 为单人葬，随葬品 60 余件，随葬透雕象牙梳、象牙琮、石钺、龟甲、骨雕筒等特殊遗物。大汶口晚期大墓以大汶口第一次发掘的 M10、M25 为代表，M10 为单人葬，女性，墓坑长 4.2 米、宽 3.2 米、深 0.36 米，有棺有椁，随葬象牙梳、玉镯、玉指环、玉钺、象牙雕筒、鳄鱼骨板、绿松石串饰及大量彩陶、白陶，编号 61 件，以单件计近 140 件。

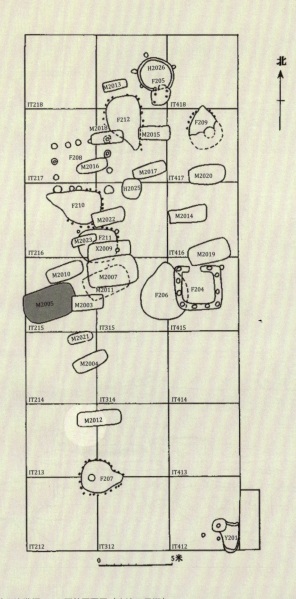

北

IT218
H2026
F205
M2013
IT418
F212
F209
M2018
M2015
F208
M2016
M2017
IT417
M2020
IT217
H2025
F210
M2014
M2022
F211
M2023
X2009
IT216
IT416
M2019
M2010
M2007
M2011
F206
F204
M2005
M2003
IT215
IT315
IT415
M2021
M2004
IT214
IT314
IT414
M2012
IT213
F207
IT413
Y201
IT212
IT312
IT412

0   5米

大汶口第三次发掘 78 Ⅰ区总平面图（大汶口早期）

259

大汶口早期偏晚阶段的 M2005 平剖面图及随葬器物组合

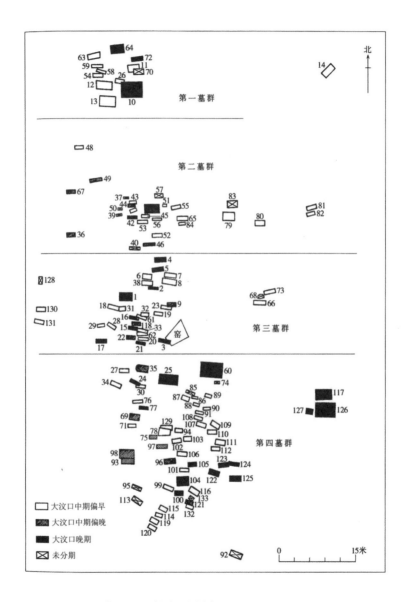

大汶口第一次发掘墓葬总平面图（大汶口中晚期）

大汶口中期 M26 平面图及随葬器物

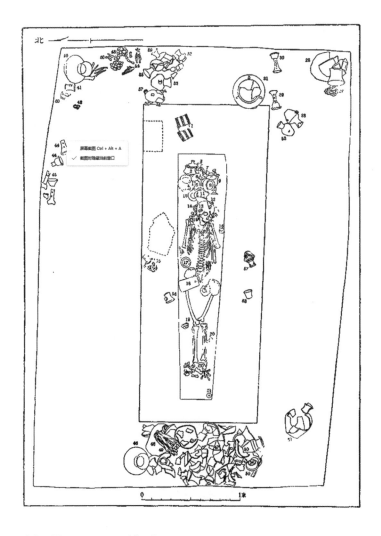

大汶口晚期 M10 平面图及随葬器物

花厅大汶口晚期大墓 M50 及墓中随葬的良渚文化玉琮

　　位于苏北的花厅遗址面积也达 50 万平方米，考古学家在北区清理墓葬 62 座，发现随葬品共 1430 件，其中陶器 866 件、玉器 430 件、石器 93 件、骨器 41 件，随葬品多寡不一。尤为重要的是发掘了 10 座大墓，这些大墓自成一个墓区，排列有序，随葬品一般在五六十件左右，年代属大汶口晚期，多随葬较多玉器，包括来自良渚文化的玉琮等礼仪重器，或有殉人现象，52 座中小型墓葬则分布于大墓东部和南部 ①。如 M50 属大汶口晚期偏晚，墓坑长 5.1 米、宽 3.08 米，随葬品达 70 件，以陶器为主，另有玉琮 1 件、玉锥形器 7 件、玉斧 1 件、带琮式管的串饰等，同时殉葬儿童骨架两具。M60 年代属大汶口晚期偏晚，墓坑长 4.35 米、宽 3 米、深 2.2 米，随葬品更是多达 149 件，包括玉璜串饰、玉镯、玉环、玉锥形器等，殉葬中年男女骨架各一具以及少儿骨架一具。

----

① 　南京博物院：《花厅——新石器时代墓地发掘报告》，文物出版社，2003 年。

　　大汶口中晚期阶段遗址发现鲁北的焦家、鲁东南的丹土、皖北的垓下等数座城址，城址面积都只有 10 万 ~20 万平方米，面积相比于同时代的良渚、石家河城址要小很多，也未发现宫殿区以及明确可称为王墓的墓葬。近年来，焦家遗址的发掘引起学术界的广泛关注[①]。

　　焦家遗址位于泰沂山系北侧，总面积超过 100 万平方米，是大汶口中晚期面积最大的聚落和城址，发现有夯土城墙和外城壕，壕沟平面近椭圆形，东西长 425~435 米、南北宽 250~360 米，总面积约 12.25 万平方米，部分南区的大汶口中期偏晚叠压南城墙，说明城址的年代不晚于大汶口中期偏晚。

　　2016—2017 年对其进行了较大规模发掘，显示聚落从早期到晚期经历了居住址——墓地——居住址的转变。房屋共 215 座，存在分组现象，但面积均不大。墓葬共 215 座，分化明显，可分为大中小三种规模，大型墓共 20 余座，其中 5 座存在毁墓现象的大墓位于北区，

....

① 王芬等：《古城初现、棺椁俱全、礼器齐备——济南章丘焦家遗址考古获重要发现》，《中国文物报》，2018 年 2 月 9 日第 8 版。山东大学考古系与博物馆学系、济南市章丘区城子崖遗址博物馆：《济南市章丘区焦家新石器时代遗址》，《考古》，2018 年 7 期。

其余大墓较集中地分布于南区偏西部，大型墓葬中有重椁一棺（2 座，M91、M152）或一椁一棺（20 座），面积在 6~11.66 平方米，随葬品数量最多的达 70 件，常见玉钺、玉镯、指环、玉环、骨雕筒、陶高柄杯、白陶鬶、白陶背壶、白陶杯、彩陶以及龟甲、獐牙等；南区大墓附近集中分布有十余座祭祀坑，可能是与墓祭相关的遗迹。中型墓为一棺，随葬陶器和少量小件玉石器等。其余为随葬品少、无葬具的小型墓葬。

M152 墓坑长 4.4 米、宽 2.7~2.9 米，墓主为老年男性，随葬品 39 件，陶器 27 件，另有玉耳饰、玉指环、玉臂环、玉钺和玉刀等玉器，及龟甲器、骨梳、骨雕筒等特殊遗物。

尽管从目前的考古资料来看，大汶口中晚期的社会发展程度似乎不如良渚和屈家岭，但其文化影响力却有过之而无不及。大汶口文化的分布范围从早期到晚期不断扩大，早期遗址主要分布在山东省和苏北，到了大汶口中期向西扩大到鲁西南和皖北，到大汶口晚期进一步向西挺近中原，扩张至豫东，并与北上的屈家岭文化一道占据了原秦

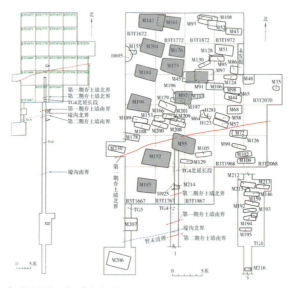

南区探方及夯土墙、壕沟平面图　　南区探方及墓葬分布总平面图
1. 北图平面图　2. 南部平面图

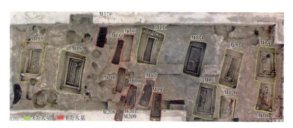

南区大型墓葬（局部，上为西）

焦家南区墓葬总平面图及大墓分布情况

玉臂钏 (M152:4)

M152(上为东)　　　　　玉钺 (M152:9)

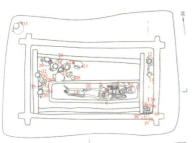

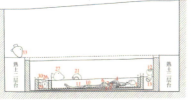

M152 平面、剖视图

1. 骨梳　2. 绿松石耳饰　3、7. 蚌片　4. 玉臂钏　5. 玉指环　6、11. 龟甲器　8. 玉刀　9. 玉钺　10. 骨雕筒　12、21、26、29、32、33. 陶背壶　13、27. 彩绘陶背壶　14~19、36~38. 陶高足杯　20、34. 陶豆　22、23、25、30. 陶罐　24、31、35. 陶鼎　28. 陶器盖

M152 出土陶器

焦家大墓 M152

王寨文化分布的豫中地区 [1]；大汶口文化对江汉地区的屈家岭文化向石家河文化的转变可能也产生了直接的影响，石家河文化中常见的大口缸（或带刻符）等要素无疑来自大汶口晚期；大汶口文化向南占据皖北，并向良渚文化、薛家岗文化输出了不少文化因素，甚至在赣东浙南的好川文化里都能看到大汶口文化的强烈影响；大汶口文化向北可能促使雪山一期文化向北、向西迁徙 [2]，最终导致红山文化的消失；大汶口中期在胶东的一支向北跨过渤海，到达辽东半岛，对同时代的小珠山中层文化产生了强烈的影响 [3]。

① 栾丰实：《大汶口和良渚》，《玉润东方：大汶口 - 龙山 · 良渚玉器文化展》，文物出版社，2014 年。武津彦：《略论河南境内发现的大汶口文化》，《考古》，1981 年 3 期。杜金鹏：《试论大汶口文化颖水类型》，《考古》，1992 年 2 期；张翔宇、曹建敦：《试论大汶口文化在河南境内的传播》，《平顶山师专学报》，第 17 卷，第 3 期，2002 年 6 月。张翔宇：《中原地区大汶口文化因素浅析》，《华夏考古》，2003 年 4 期。
② 参考许永杰：《距今五千年前后的文化大迁徙》，《考古学报》，2010 年 2 期。
③ 杜战伟、苏军强：《小珠山遗址材料的再分析——辽东南部地区新石器文化序列标尺的构建》，《考古与文物》，2017 年 1 期；杜战伟、赵宾福：《小珠山中层文化的分期与年代》，《边疆考古》，2017 年 1 期。

三 江汉地区的兴盛

江汉地区包括湖北大部和湖南北部，是一个重要的文化区。从距今 9000 年以来，先后经历了彭头山时期、皂市下层 - 城背溪时期、大溪时期、油子岭时期、屈家岭时期、石家河时期和后石家河时期等多个发展阶段。其中屈家岭文化上承油子岭文化，下接石家河文化，是江汉地区进入文明社会的重要阶段。屈家岭文化与良渚文化基本同时，石家河文化则与钱山漾文化年代接近。屈家岭文化可分早晚两大期，早期距今 5300—4900 年，晚期距今 4900—4500 年 [①] 。

长江中游在距今 6000 年前后就出现了中国最早的城址——城头山城址，面积约 8 万平方米，出现了比较明显的社会分化；油子岭时期兴建了龙嘴、走马岭、谭家岭、阴湘城等城址，面积数万至 20 余万平方米；屈家岭时期则城址暴增至 18 座，湖北的石家河、笑城、陶家湖、门板湾、城河、马家院、阴湘城、鸡鸣城、青河、走马岭、凤凰咀、王古溜、土城、叶家庙、张西湾和湖南的城头山、鸡叫城、

---

① 单思伟：《屈家岭文化研究》，武汉大学博士学位论文 2018 年。

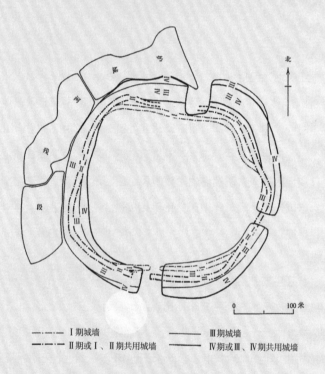

北

残

阕

垮

第

号

Ⅳ Ⅳ Ⅲ Ⅳ Ⅳ Ⅲ

Ⅲ Ⅲ Ⅳ

Ⅳ Ⅳ Ⅳ

Ⅲ

Ⅲ Ⅲ

Ⅳ Ⅱ

0   100米

-·-·-· Ⅰ期城墙 ────── Ⅲ期城墙

──·──· Ⅱ期或Ⅰ、Ⅱ期共用城墙 ━━━━━ Ⅳ期或Ⅲ、Ⅳ期共用城墙

城头山各期城址平面图

272

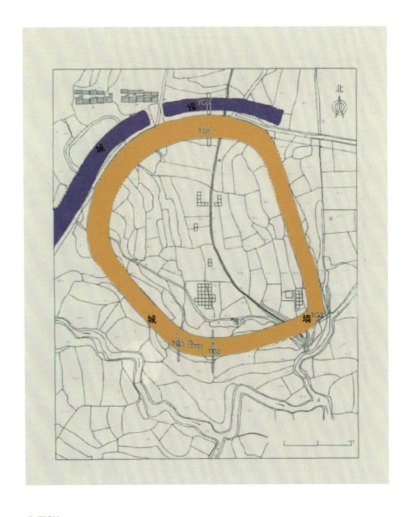

龙嘴城址

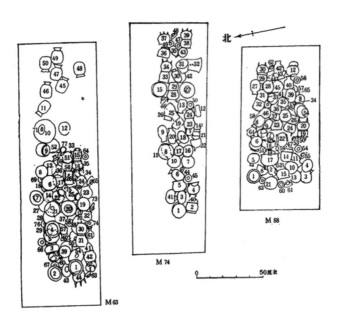

M63：1—3、5、10、13、19、37. I式簋7、9、27—29、32、39、53. I式小簋12、16、24、30、33、38、42、44. I式小鼎8、40. III式曲腹杯36、51、52、56、58、59. IV式曲腹杯14、18. I式碗34. II式碗21、54、55、60、61. I式壶4、15、17、25、31、35、41、43. I式瓶6、11、20、22、23、45—57. II式瓶62—76. III式器盖26. 石铲77. 陶环

M74：1、2、11、15、27、41. I式簋42、43. II式簋17、29. I式小鼎4、5、22、23、28、34. II式小鼎37、39. III式鼎14、26. I式曲腹杯16、19、25. III式曲腹杯12、31、40. IV式曲腹杯3、8、10、11、18. I式壶6、9、13、20、30、35. I式瓶7、21、24. I式瓶32. 石铲33、36、38. II式瓶45—47. I式器盖48—50. II式器盖

M88：1、12、18、21—23、29、51. I式簋3、7、9、33. I式小鼎20、24、30、31、36、64. I式小鼎15. IV式小鼎8、10. III式曲腹杯16、41、43、44、46、47. IV式曲腹杯17. III式小鼎13. II式碗14、19、35. II式瓶25、48. II式瓶4、5、26、28、37—39、45. I式壶2、8. I式瓶11、27、40、42. III式瓶6、49、50、52—63. II式器盖34. 陶纺轮65. 陶环

划城岗油子岭文化大墓

274

七星墩，呈月牙形分布于西部山区与东部平原的交界地点，依据面积大小可分为三个等级，其中面积超过 100 万平方米的仅石家河 1 座，其余城址均属面积 10 万 ~67 万平方米的第二等级或数万平方米的第三等级[①]。

石家河城址是长江中游面积最大、延续时间最长、等级最高的城址，始建于油子岭晚期（约距今 5500—5300 年），扩建于屈家岭晚期（约距今 5000—4900 年），沿用至石家河文化（距今 4500—4200 年），废弃于肖家屋脊文化（距今 4200—3800 年）[②]。

屈家岭晚期阶段是遗址最繁荣的时间段，城址平面呈圆角长方形，南北长约 1200 米、东西宽约 1100 米，城墙现存顶宽 8~10 米、底宽约 50 米，城墙内外侧呈缓坡状，坡度约 25°，保存较好处高 6 米。城内面积 120 万平方米，城外有宽 80~100 米的外城河，最窄处

---

① 高蒙河、郑好：《城址考古：史前长江流域的发现与研究》，上海博物馆编：《"城市与文明"学术研讨会论文集》，上海古籍出版社，2016 年。刘辉：《长江中游史前城址的聚落结构与社会形态》，《江汉考古》，2017 年 5 期。
② 石家河考古队：《邓家湾》，文物出版社，2003 年。湖北省文物考古研究所：《大洪山南麓史前聚落调查——以石家河为中心》，《江汉考古》，2009 年 1 期。湖北省文物考古研究所：《湖北史前城址》，科学出版社，2015 年。湖北省文物考古研究所：《石家河遗址 2015 年发掘的主要收获》，《江汉考古》，2016 年 1 期。

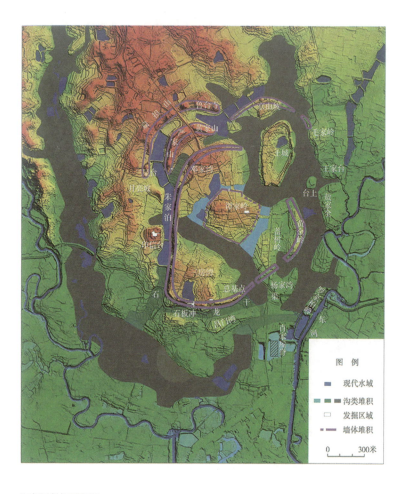

石家河城址区平面图

60 余米，城河底部与城墙顶部落差达 6 米，周长 4800 米环壕底部为一层厚约 30~40 厘米的灰黑色淤土，外城河以内面积 180 万平方米。城墙为就地取土堆筑而成，根据城墙及城外环壕的规模，考古学家推测建筑土方量约为 100 万立方米。

谭家岭遗址是城内的核心区，面积 20 余万平方米，遗址内早在油子岭晚期就建筑了面积达 18 万平方米（包括环壕为 26 万平方米）的城址。此期城墙顶宽 10 米、厚约 1.5 米，外侧壕沟宽约 30 米、底部深达 9 米，壕沟与城墙之间发现木板护岸遗迹，是目前发现的同时期中国面积最大的城址。至屈家岭晚期成为城址的中心区，1987 和 1989 年考古清理了 6 座屈家岭时期房址和 7 座石家河时期房址，屈家岭时期房址为长方形单间式平地起建建筑，面积 17~18 平方米，石家河时期房址也均为长方形地面式建筑，以分间式为主，也有单间式，面积约 20 平方米。2015 年在谭家岭清理了肖家屋脊文化瓮棺葬 5 座，出土了 240 余件精美玉器，器型包括玉蝉、玉管、玉珠、玉虎以及玉玦、玉牌饰、玉冠饰、玉鹰、玉钺、玉料等，不少玉器上以阴线刻、减地阳刻、透雕、圆雕、浅浮雕等技法雕琢出人、虎、鹰、凤、蝉等造型。这些发现都证明，谭家岭遗址在石家河遗址延续近 2000 年的发展历程中一直是中心遗址，但由于发掘面积有限，在谭家岭遗址还未能揭露出屈家岭文化或石家河文化时期类似宫殿建筑的房址。

城内还分布有邓家湾、三房湾、蓄树岭三处台地。

邓家湾①位于城内西北角，面积约6万平方米，于1978年、1987年、1994年进行四次发掘，揭露面积约1605平方米，发现屈家岭文化房址2座、灰坑50座、灰沟4条、筒形器等祭祀遗迹6处及土坑墓52座、瓮棺15座。墓葬较为集中地分布于西北部，17座土坑墓中无随葬品，其余墓葬随葬品数量在1~43件不等，随葬品基本都是陶器。发现石家河文化祭祀遗迹共5处（祭址2处、套缸2处、陶塑堆积1处）、灰坑63座、灰沟1条、洼地1处、土坑墓43座、瓮棺23座，墓葬集中分布于西南部和西北部，8座土坑墓中无随葬品，其余随葬1~52件，基本都是陶器，灰坑和低洼地共出土上万件陶塑品，品种包括陶偶（单偶、抱鱼偶、背物偶、抱物偶、抱狗偶等）、陶塑动物（狗、猪、羊、兔、猫、猴、象、貘、狐、鸡、鸟、龟鳖、鱼等），火候不足、捏塑成型，发现时已成碎块。这些石家河文化的陶塑品和套缸遗迹，以及屈家岭文化时期的祭坛和筒形器遗迹，表明邓家湾应是一处祭祀中心，但也包含居址和墓地。

三房湾遗址位于城内西南部，根据现有地貌可分为北台、东台、

----

① 石家河考古队：《邓家湾》，文物出版社，2003年。

谭家岭发掘场景（上）

谭家岭遗迹分布情况（下）

谭家岭遗址 W8　　虎座双鹰玉饰（谭家岭 W8：13）　　鹰纹圆玉牌（谭家岭 W8：34）

玉人头像（谭家岭 W8：2）　玉蝉（谭家岭 W8：24）　　扇形透雕玉饰（谭家岭 W8：26）

谭家岭遗址 W9　　玉鹰（谭家岭 W9：3）　　玉佩（谭家岭 W9：50）

玉人头像（谭家岭 W9：7）　虎形玉冠饰　双人连体头像玉玦（谭家岭 W9：2）　玉虎（谭家岭 W9：10）
（谭家岭 W9：60）

谭家岭肖家屋脊文化瓮棺及出土玉器

邓家湾屈家岭文化筒形器及石家河文化套缸遗迹

西台三部分。1990—1991 年对其进行了调查勘探，在东台顶部表土下分布有南北 70 余米、东西约 90 米、厚约 1 米的堆积，叠压于城墙之上，其内含大量红陶杯残片。2016 年对三房湾进行了再次发掘，清理了陶窑、洗泥池、黄土坑、黄土堆积等制陶相关的遗迹，以及层

三房湾遗迹分布情况

三房湾遗址发掘现场（东南→西北）（左）

三房湾遗址红陶杯堆积局部（西北→东南）（右）

层叠叠的红陶杯堆积[1]，由此推测三房湾可能是专门生产红陶杯的场所，制陶区总面积约 5510 平方米，推测红陶杯数量超过 220 万件。

　　尤其引人注目的是城墙外围分布了 30 余处台地，基本呈环绕状

[1]　湖北省文物考古研究所等：《湖北天门市石家河三处新石器时代遗址发掘》，《考古学集刊》10 辑，地质出版社，1996 年。湖北省文物考古研究所、北京大学考古文博学院、天门市博物馆：《湖北天门市石家河古城三房湾遗址 2016 年发掘简报》，《考古》，2018 年 9 期。

分布于四面城墙外侧，多为人工营建而成，似乎构成与良渚古城外城一样的形态，占地面积约 8 平方千米。城外西北部自东向西分布有两圈结构，均为人工堆筑而成，可能是挖城河取土，内圈为严家山、黄家山，宽百余米，弧长约 500 米，顶面与城河底部高差约 8 米，外圈为扁担山、鲁台寺，宽约 80 米，弧长约 600 米；城外西部自北向南分布有月亮坡、印信台；城外南部自西向东分布有石板冲、昌门湾、杨家湾，再外围还分布有肖家屋脊、罗家柏岭；城外东部自南向北分布有敖家全、台上、王家台、毛家岭、京山坡。

城南的罗家柏岭 [①] 和肖家屋脊 [②] 经过较大规模发掘。其中罗家柏岭面积约 5 万平方米，于 1955 年和 1956—1957 年进行了两次发掘，发掘面积 1147 平方米，发现屈家岭文化、石家河文化和肖家屋脊文化时期遗存。最重要的发现是肖家屋脊文化的一组建筑遗迹，建筑堆积中出土物以石镞为主，陶器较少，出土了较多的玉器，共 44 件，包括人头像、蝉、龙、凤、璧、环形饰、管形饰、棒形饰，另有 5 件铜器残片，推测是手工业作坊。

....

[①]　湖北省文物考古研究所、中国社会科学院考古研究所：《湖北石家河罗家柏岭新石器时代遗址》，《考古学报》，1994 年 2 期。
[②]　石家河考古队：《肖家屋脊》，文物出版社，1999 年。

肖家屋面积约 15 万平方米，于 1987—1991 年进行了 8 次发掘，发掘面积达 6710 平方米，揭露出屈家岭文化、石家河文化和后石家河时期的房址、灰坑、灰沟、灶、祭祀区和墓葬等遗迹，其中屈家岭文化房址 7 座、灰坑 33 个、灰沟 9 条、土坑墓 37 座、瓮棺 5 座；石家河文化房址 6 座、灰坑 409 座、灰沟 22 条、井 1 座、路 1 条、窑 2 座、陶缸遗迹 7 处、土坑墓 23 座、瓮棺 9 座；后石家河时期房址 1 座、灰坑 90 座、灰沟 1 条、池塘 1 口、路 2 条、红烧土遗迹 1 处、瓮棺 77 座。房址均为长方形地面式建筑，可分为单间或多间。墓地与居址区分明显，墓地位于居址一侧，可分为南部、东南部、西北部三个墓区，均从屈家岭文化晚期延续至石家河文化。屈家岭时期墓葬随葬品以陶器为主，随葬品数量从 0~26 件不等，差距不大，说明这一时期社群内部较为平等，分化不显著。而石家河时期随葬品以陶器为主，少者 5、6 件，多者达百余件，如 M7 墓坑长 3.2 米、宽 1.8~2.35 米、深 0.95 米，男性，单人二次葬，随葬品达 103 件；如 M54 出土折腹罐 1 件、高领罐 101 件，分化相当明显，说明这一时期社群成员不平等加剧。后石家河时期实行瓮棺葬，不见土坑墓，发现瓮棺 77 座，保存较差，多为成人二次葬，可见两片瓮棺集中分布区，随葬品以玉器为主，共 16 座瓮棺有随葬品，W49 随葬铜矿石 1 件，其余瓮棺均随葬玉器，玉器共 109 件，从随葬品数量和类型上可看出很大的差别，如 M6，葬具为两瓮相扣，随葬 59 件，其中玉器

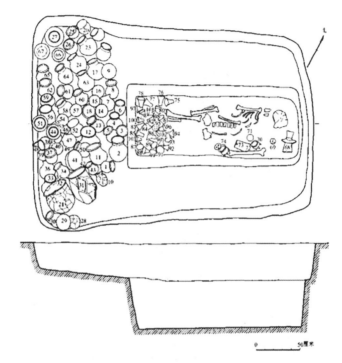

肖家屋脊石家河文化 M7

达 56 件，包括人头像 6 件、虎头 5 件、龙 1 件、蝉 11 件、鹰 1 件、
璜 2 件、管 10 件、坠 1 件、珠 5 件、圆片 2 件、笄 2 件、柄形饰 5
件、残片 5 件，另随葬斜腹杯、猪牙、石珠各 1 件。此外，文化层和
灰坑中也分别出土玉器 33 件、1 件，另采集 14 件，遗址出土玉器总
数共 157 件。

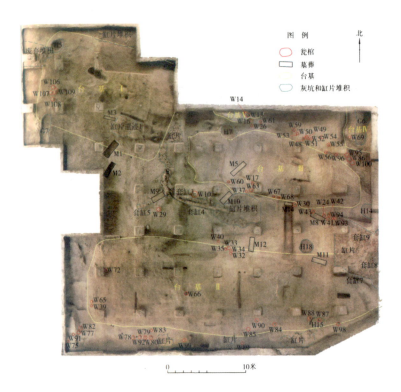

印信台遗迹分布情况

印信台套缸遗迹及陶缸上的刻划符号

印信台遗址套缸 3、4、6（东南→西北）（左）

印信台遗址套缸 4：18 刻划符号（中）

印信台遗址套缸 4：9 刻划符号（右）

　　城外西部的印信台南北长 200 米、东西宽 130 米，台面高出外城河（现仍为水面，称为朱家泊）水面 3 米多。印信台是利用自然地貌人工堆筑而成，顶部最高处居中。2014—2015 年对印信台进行了大规模发掘，揭露面积 1225 平方米，清理了 4 处人工堆筑的黄土台基、6 组陶缸遗迹等可能与祭祀有关的遗存，台基四周还分布有瓮棺葬、土坑墓等遗迹。台基均为长方形，最大的台基东西长 30 米、南北宽 13 米，台基边缘发现有瓮棺葬、扣碗、立缸、土坑墓等遗迹，台基 2 和台基 3 之间发现两组套缸遗迹，各有数十个红陶缸首尾套接而成，年代属石家河文化晚期。

城外西北部的严家山是城址区海拔最高处，人工堆筑厚度普遍超过5.5米，也于2016年进行了发掘[1]，清理出石家河晚期的石块堆积和20座肖家屋脊文化的瓮棺。石块堆积中出土小型石器和存在加工痕迹的石块，瓮棺内出土玉器、玉料、石英钻头等遗物，说明严家山可能是一处沿用时间较长的玉石器加工场所。根据叠压关系可知严家山年代不晚于屈家岭晚期，不晚于石家河晚期。

石家河遗址群以外还分布有广阔的腹地，在大洪山南麓150平方千米范围内共发现39处史前遗址[2]。

但目前尚未发现城址兴盛期王陵一级的墓地，发现的大型墓葬随葬品以陶器为主，缺乏玉器等标志性遗物，这给我们了解当时的社会分层情况造成了一定阻碍。

....

[1] 湖北省文物考古研究所、北京大学考古文博学院、天门市博物馆：《湖北天门市石家河古城严家山遗址2016年发掘简报》，《考古》，2018年9期。
[2] 湖北省文物考古研究所：《大洪山南麓史前聚落调查——以石家河为中心》，《江汉考古》，2009年1期。

    屈家岭文化在其早期阶段就开始向外快速发展，向北占据鄂西北豫西南原朱家台文化的分布范围，以此为基础，向东北到达豫中南地区，对秦王寨文化造成了强烈的影响，同时顺着丹江进入陕西境内，对西王村文化也产生了一定的影响。到屈家岭晚期，其向东北和西北方向的影响力持续加强，与大汶口晚期一道促使秦王寨文化的消失以及西王村文化向庙底沟二期文化的转变[①]。

---

① 单思伟：《屈家岭文化研究》，武汉大学博士学位论文 2018 年。

China and World in Liangzhu Era

良渚时代的中国与世界

第三章 大中原：从仰韶晚期
到庙底沟二期

一 仰韶晚期文化格局的剧变

　　广义的中原文化区也即本文所说的大中原区，是以河南为中心，包括关中、晋南、皖西北、冀南等地区在内的广大区域，历来是中国的文化高地和核心。大中原区跟良渚同时代遗存可分为早晚两大阶段：早期阶段又称仰韶晚期，年代与良渚、屈家岭的早期和大汶口的中期相当；晚期为庙底沟二期阶段，年代与良渚、屈家岭、大汶口的晚期相当。

　　大中原地区强势的面貌在相对统一的庙底沟文化解体之后，形成了众多环绕关中地区的、面貌各异的区域性文化，包括关中的西王村文化（或称泉护文化、半坡四期文化）、豫中的秦王寨文化（或称大河村文化）、豫北冀南的大司空文化、豫西南鄂西北的朱家台文化、冀中北的雪山一期文化、甘青的大地湾四期文化（或称石岭下类型，或归入马家窑文化早期）、河套地区的庙子沟文化和海生不浪文化，这一时期又被称为仰韶晚期[①]。

二　城址与贵族墓地

豫西西坡墓地和豫中西山城址分别为仰韶晚期西王村文化和秦王寨文化的社会复杂化提供了重要证据。

（一）西坡遗址

西坡遗址所在的铸鼎塬一带约 100 万平方千米范围内共发现了 19 处庙底沟时期遗址、8 处西王村时期遗址。铸鼎塬一带在庙底沟时

[①] 许永杰：《黄土高原仰韶晚期遗存的谱系》，科学出版社，2007 年。韩建业：《早期中国——中国文化圈的形成和发展》，上海古籍出版社，2015 年。朱雪菲：《仰韶时代彩陶的考古学研究》，文物出版社，2017 年。同时参考宋海超：《半山文化与马厂文化研究》，武汉大学博士学位论文 2015 年。

期是豫西地区庙底沟文化的中心聚落群，其中北阳平面积达 90 万平方米，西坡遗址面积约 40 万平方米。西坡遗址于 2001—2004 年进行了四次发掘①，清理庙底沟文化时期的房址、灰坑等遗迹，尤其重要的是发现了两座位于遗址中心位置的特大型半地穴式房址，即 F105 和 F106，其中 F105 占地面积为 516 平方米，室内面积 204 平方米，F106 室内面积 240 平方米，这两座房址可能是原始宫殿或大型公共活动场所。

① 中国社会科学院考古研究所河南一队、河南省文物考古研究所、三门峡市文物工作队等：《河南灵宝市西坡遗址试掘简报》，《考古》，2001 年 11 期。河南省文物考古研究所、中国社会科学院考古研究所河南一队、三门峡市文物考古研究所、灵宝市文物保护管理所、荆山黄帝陵管理所：《河南灵宝市西坡遗址 2001 年春发掘简报》，《华夏考古》，2002 年 2 期。
河南省文物考古研究所、中国社会科学院考古研究所河南一队、三门峡市文物考古研究所、荆山黄帝陵管理所：《河南灵宝西坡遗址 105 号仰韶文化房址》，《文物》，2003 年 8 期。
中国社会科学院考古研究所河南一队、河南省文物考古研究所、三门峡市文物考古研究所、荆山黄帝陵管理所：《河南灵宝市西坡遗址发现一座仰韶文化中期特大型房址》，《考古》，2005 年 3 期。

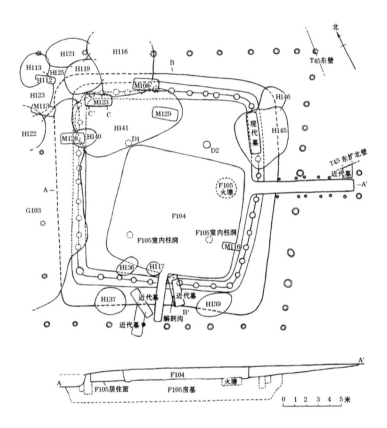

西坡庙底沟文化大型房址 F105

　　在 2004 年的系统钻探中发现了聚落的南北壕沟，并在南环壕以外发现一处墓地，随后于 2005—2006 年对墓地进行了两次发掘，共清理西王村时期（报告认为属庙底沟时期）的墓葬 34 座 [①]。这批墓葬层位简单，均开口表土层下打破生土，墓葬之间仅两例打破关系，年代约公元前 3300 年—前 2800 年。

　　这批墓葬均为竖穴土坑墓，墓底挖有生土二层台，二层台之间为墓室及脚坑，墓葬之间存在鲜明的等级差别，根据墓坑大小、随葬数量及种类可分为四个级别。第一等级墓墓坑面积一般在 8 平方米以上，随葬品约 10 件，最多的 15 件，有玉钺、大口缸、箍形器、象牙镯等比较特殊的器物，包括 M8、M11、M17、M31、M34 等，M27 随葬品均为陶器，但出土 2 件大口缸，且墓坑面积最大，达 16.9 平方米，也可归入大墓之列；第二等级墓葬墓坑面积一般在 6 平方米左右，随葬品一般 5~10 件，或随葬玉钺、石钺，如 M6、M14、M18、M30 等；小型墓墓口面积一般在 6 平方米以下，随葬品 2~12 件；第三等级墓葬规格与第四等级相当，一般随葬陶器 5~10 件，或者随葬一两件玉钺、玉环、石钺等特殊遗物，如 M9、M16、M18、M22、

① 中国社会科学院考古研究所、河南省文物考古研究所：《灵宝西坡墓地》，文物出版社，2010 年。

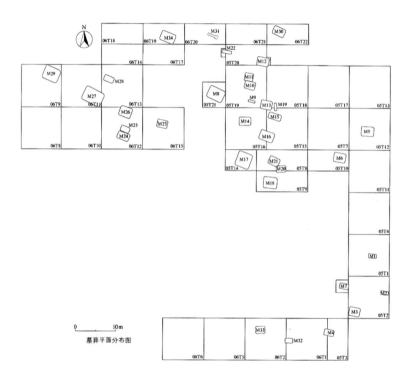

墓葬平面分布图

西坡墓地平面图

M24、M29；第四等级墓葬 17 座，墓口面积在 6 平方米以下，14 座墓葬无随葬品，M5 随葬 1 件纺轮，M3、M26 分别随葬 12 件和 7 件杯及盖残片，随葬品数量虽多，但价值低，可归入第四等级。

M8 长 3.95 米、宽 3.09 米、深 2.2 米，南北两侧留有生土二层台，中部下挖墓室及脚坑，墓主为 40 岁左右男性，随葬品 11 件，包括骨箍形器 1 件、玉钺 1 件，以及陶壶 1 件、钵 2 件、釜灶 1 套、簋形器 2 件、大口缸 2 件。M17 墓坑长 3.45 米、宽 3.6 米、深 1.43 米，南北留有生土二层台，墓室一半被近代墓破坏，但仍存随葬品 12 件，包括骨簪 5 件、象牙箍形器 1 件、石钺 1 件、玉钺 2 件，以及陶钵 1 件、碗 1 件。

墓口以下深约 180 厘米处墓室与脚坑暴露时情况（南一北）

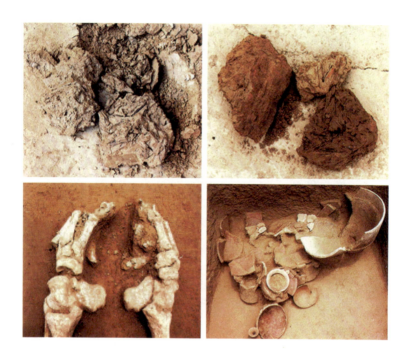

墓口以下深 150 厘米处墓圹填土内的草拌泥块（上左）

墓口以下深 180 厘米处墓室上部的草拌泥块（上右）

墓主足部特写（西—东）（下左）

脚坑内陶器出土情况（西—东）（下右）

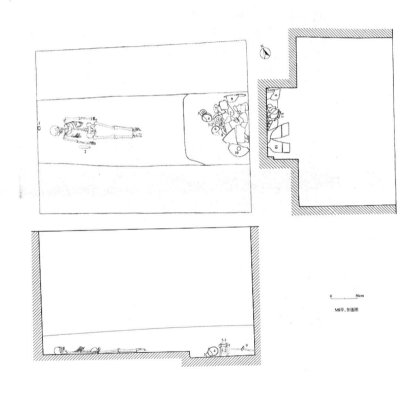

M8平、剖面测

西坡第一等级大墓 M8

玉钺 M8:2

骨箍形器 M8:1

骨箍形器 M8:1

M8 出土玉钺及骨箍形器

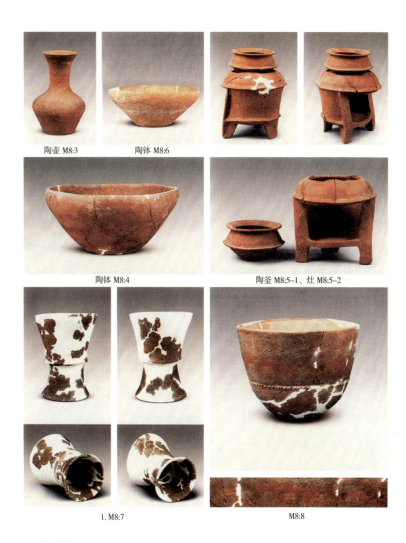

陶壶 M8:3　　　　　陶钵 M8:6

陶钵 M8:4　　　　　　陶釜 M8:5-1、灶 M8:5-2

1. M8:7　　　　　　　　　M8:8

M8 出土陶器

　　西坡墓地共出土玉钺（质地多为蛇纹石）13 件，分属 10 座墓葬，包括第一至第三等级墓，可见尽管玉钺在中原地区很少见到，但其并不是墓葬等级的绝对标志。M9、M22 墓坑面积仅 2 平方米左右，随葬品也只有 2 件，属于西坡墓地中面积最小的几座墓，但出土玉钺、玉环。M11 随葬玉钺 3 件，是出土玉钺最多的墓葬，同时出土象牙镯，但墓坑的面积不到 4 平方米，可见墓坑的大小也不是墓葬等级的绝对标准。由此可知，尽管西坡墓地相对于庙底沟时期的杨官寨墓地，已经开始采用来自东方和东南方的特殊器物如玉钺、大口缸作为身份等级的象征，但并未形成一整套特殊器物的随葬标准，相对于同时期的大汶口中期和屈家岭早期，尤其是良渚早期，西坡墓地随葬品数量少、种类单调，缺乏贵重物品，反映出一种朴素的丧葬观念。

（二）西山城址

　　仰韶晚期总共发现两座房址，即属秦王寨文化的西山城址和属朱家台文化的龙山岗城址。龙山岗城址即黄楝树遗址，面积约 14 万平方米，朱家台文化是遗址的主体堆积，现已发现朱家台晚期的城墙遗迹及三座 100 平方米以上的大型分间式房址 [1]。

　　秦王寨文化主要分布于郑洛地区，据统计，该区共发现仰韶晚期阶段遗址 357 处，其中面积 30 万平方米的遗址就有 9 处 [2]，近年来更是发现了面积达 117 万平方米的巩义双槐树，其是秦王寨文化中面积最大的遗址。

　　西山遗址 [3] 面积为 20 万平方米，属秦王寨文化，遗址内发现城址一处，城址平面近圆形，直径约 180 米，城墙残长 265 米，宽 3~5 米，高 1.75~2.5 米，城址南部被枯河冲毁，城内面积原有 2.5 万平方米，现存 1.9 万平方米。城墙的建筑方法是先挖倒梯形基槽，从基槽往上采用方块版筑法，以黄褐土或褐灰土为界分段分层夯筑城墙墙体，版块最大的长 3.5 米、宽 1.5 米，厚度多为 50 厘米，夹板厚约 5 厘米，夯层一般厚 4~5 厘米，夯窝为圆形，多呈品字形分布，推测夯

① 　梁法伟：《河南淅川龙山岗仰韶时代晚期城址发掘收获》，《中国文物报》，2013 年 3 月 29 日。
② 　赵春青：《郑洛地区新石器时代聚落的演变》，北京大学出版社，2001 年。
③ 　国家文物局考古领队培训班：《郑州西山仰韶时代城址的发掘》，《文物》，1999 年 7 期。索全星：《郑州西山古城及其周边同时期遗址的考察》，《中国聚落考古的理论与实践（第一辑）》，科学出版社，2010 年。

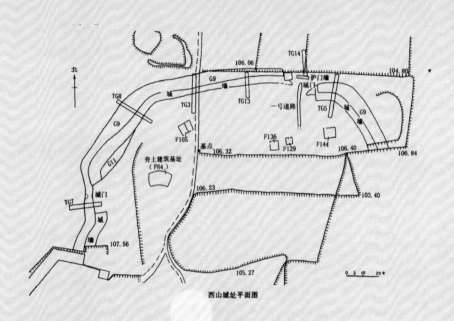

北

106.06

TG14

104.80

护门墙

城门

G9 墙

城 墙

TG8

TG3

G9 墙

TG13

一号道路

TG5

城 墙

G9 墙

G9

F105

基点 106.32

F136

F129

F144

106.40

106.84

G11

夯土建筑基址
（F84）

106.23

103.40

TG7

城门

城 墙

107.56

105.27

0 5 10   20 米

西山城址平面图

西山城址平面图

306

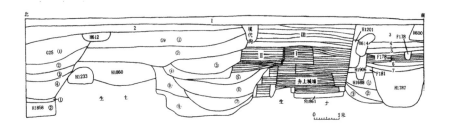

西坡 TG5 东壁剖面显示城墙的夯土结构

具为 3 根一组的集束棍。城墙随高度增加逐级内收，呈台阶状。城墙转角经过特殊加固，比一般墙体加厚 3~5 米。城墙外侧环绕宽 4~11、深 3~4.5 米的环壕，包括城墙及城河总面积为 3.45 万平方米。城河外还发现外围壕沟，构成三重防御体系。

　　地址中发现西城门和北城门，其中西城门存宽 17.5 米，其北部城墙上发现建筑基址，可能为望楼。与西门对应的城河两岸，发现两处直径约 3 米、间距约 2 米的半圆形墩台遗迹，应是搭建板桥用的。北城门存宽 10 米，门两侧有城台遗迹，中间修筑有护门墙，可增加城门的防御能力，北城门中有一条宽 1.75 米的南北向道路，以粗砂和红烧土铺设而成。

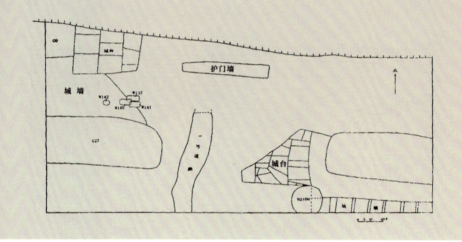

西山城址北门平面图

城内清理出 200 多座房基、2000 多座灰坑。西城门内侧发现一处大型夯土建筑基址，面积达 110 平方米，周围环绕数座房址，建筑基址北部为一处面积达数百平方米的广场。清理墓葬 143 座，分为两处墓地，位于城外西部的墓地均为仰身直肢葬，无随葬品，城内北部的墓地出现少数合葬现象。房基底部的垫土层及城墙底部或夯土层中发现有完整的陶鼎、陶罐，部分陶罐中发现有婴儿骨骼，推测为奠基坑，部分窖穴中发现有人牲残骸和大型兽骨。

西山城址出土陶器

夹砂罐（W1818：4）（左）

壶（H757：6）（右）

　　西山城址有着高超的建城技术，也是中国最早的版筑夯土城址，在古代建城史上具有重要意义，同时也是中原地区发现的年代最早的城址。

　　以上三处遗址的考古成果表明仰韶晚期已经出现了贵族墓地、宫庙、城址及面积达数十万甚至上百万平方米的中心聚落等要素，但城址规模不大，墓地随葬品少且缺乏礼器，贵族墓地中无法分辨出王级墓葬，中心聚落中无法分别出都邑性遗址，且贵族墓地、城址、宫庙并未在同一遗址或遗址群共出。从目前考古资料来看，这些遗址总体还应该处于阶层社会的发展阶段。

三　庙底沟二期的复兴

在大汶口文化、屈家岭文化等的影响下，豫西南鄂西北的朱家台文化、豫中地区的秦王寨文化消失。晋南豫西地区的西王村文化也在大汶口文化和屈家岭文化的强烈影响下形成了庙底沟二期文化（年代距今约 4800—4300 年），其核心分布区为晋南豫西以及关中东部。庙底沟二期文化完成了大中原文化区的第二次文化整合，同时期关中西部和豫中分别分布有案板三期文化和大河村五期文化，可见此次整合的力度和范围要明显弱于庙底沟文化[①]。晋南地区以陶寺早期[②]和清凉寺[③]为代表的遗存年代属庙底沟二期文化晚期，出现较大规模的聚落、较高规格的墓葬，同时吸收了来自大汶口文化和良渚文化的先进因素，如玉钺、玉琮等特殊遗物。

属庙底沟二期阶段的陶寺早期小城平面近长方形，方向 315°，长约 1000 米、宽约 560 米，面积约 56 万平方米。由北墙 Q3、东墙 Q4、南墙 Q9、Q11、Q10 和西墙南段 Q8 构成，西城墙北段可能被冲毁。多段墙体被陶寺早期遗迹打破，并叠压陶寺早期遗迹，可知其始建于陶寺早期偏早阶段，废弃于早期偏晚阶段。

早期小城已经有明确的功能区划。早期小城城内中南部分布有上层贵族居住区（又称"宫殿区"），三面有壕沟，一面紧靠小城南墙 Q10 和 Q11，面积 5 万平方米，该区东部还分布有面积约 1.7 万平方

① 卜工：《庙底沟二期文化的几个问题》，《文物》，1990 年 2 期。魏兴涛：《庙底沟二期文化再研究——以豫西晋西南地区为中心》，《考古与文物》，2016 年 5 期。

② 中国社会科学院考古研究所、山西省临汾市文物局：《襄汾陶寺：1978—1985 年考古发掘报告》，文物出版社，2015 年。

③ 山西省考古研究所、运城市文物工作站、芮城县旅游文物局：《清凉寺史前墓地》，文物出版社，2016 年。

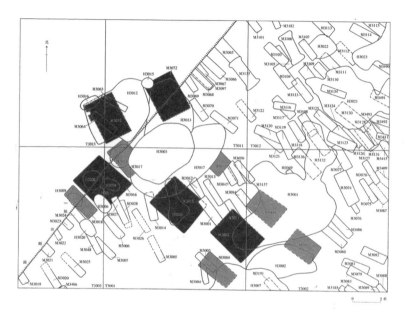

陶寺Ⅲ区早期墓葬分布图（涂色者为大中型墓葬）

米的生活垃圾区。另外在小城内西南部还发现面积约 1.6 万平方米的下层贵族居住区。小城城外东南有一片相对独立的仓储区，长约 100 米、宽 10 余米，面积近 1000 平方米，其外围有生土隔离带，且发现疑似哨所的小型建筑，其内分布有大量窖穴，年代均属陶寺早期和中期。

早期小城外东南部 600 米即为 1978—1985 年揭露的面积 4 万平方米的大型墓地。其中最引人注目的发现是Ⅲ区墓地中的少量贵族墓葬以及大量平民墓葬。贵族墓葬与平民墓葬墓葬规模和随葬品数量悬殊，贵族墓葬随葬大量礼乐重器，占墓葬总数达 90％ 的平民小墓的墓坑仅可容身，墓内随葬品极少甚至无随葬品，充分说明当时阶层分化已经达到很高的水平，社会财富和资源集中于少数贵族阶层手中，无疑已出现了凌驾于平民之上的贵族阶层和凌驾于贵族阶层的王。

陶寺早期贵族墓葬中随葬大量玉石器、彩绘陶器、彩绘漆木器等礼器，随葬品数量最多者达 277 件（M3015），最为突出的是玉石钺、戉、百余枚成束的镞、大小成系列的石斧、鼍鼓、特磬、土鼓、鳄鱼骨板、石厨刀、木案、木俎、木豆和组合头饰和腕饰，显示墓主掌握了当时的军事权力和礼乐祭祀大权。5 座最大的墓葬（即报告中的一类甲型，M3072、M3073、M3016、M3015、M3002）较集中的分布于 III 区，墓主可能是有继嗣关系的统治者。这些大墓早在陶寺文化晚期就已遭到后世的盗扰，被陶寺晚期大量的灰坑破坏，这些灰坑大多挖至墓室，可能是针对墓主人的掘棺毁墓行为，同时还被一些晚期墓葬打破，墓葬保存情况很差，随葬品被盗扰严重。

M3016 平面呈倒梯形，长 3.1 米、宽 2.52~2.76 米，朝向 135°。开口 3B 层下，存深 0.92~1.5 米，被开口 3A、3B 层下的 5 座坑破坏，保存不佳。疑似墓主为 40~45 男性。现存随葬品 35 件，以及被肢解的猪骨，包括折腹斝 1 件、盆形斝 1 件、灶 1 件、折肩罐 1 件、高领壶 2 件、折肩罐 2 件、折腹小罐 1 件、单耳小罐 1 件、蟠龙纹陶盘 1 件、研磨盘 1 件、研磨棒 1 件、木盘 1 件、木觚 1 件、平板石 1 件、石斧 4 件、石锛 4 件、石凿 2 件、石镞 2 件、蚌镞 1 件、石

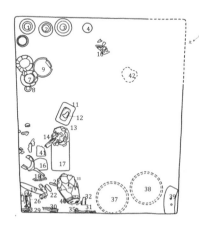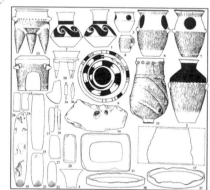

陶寺 III 区 M3016 及出土随葬品

磬 1 件、土鼓 1 件、鼍鼓骨腔 2 件，另有 2 件木器残迹及散乱的猪的下颌、肋、蹄等骨骼，其中，土鼓、鼍鼓、石磬自右至左排列于墓主足端。H3008 中出土鳄鱼骨板 13 枚，推测是扰自墓中，特别重要的是该墓完整地保留了蟠龙纹陶盘、成对鼍鼓、石磬、土鼓等重要礼器。M3016 两侧分别有 M3018 和 M3017 两座中型墓，这一现象在 M3002 也可见，其两侧分别有 M3084 和 M3009 两座中型墓。

　　M3015，平面近倒梯形，长3.2米、宽2.5~2.68米、存深1.5~2.1米。开口3B层下，被陶寺文化晚期的H3005、H3017和M3001严重破坏。墓室中部有板灰痕迹，长1.9米、宽0.7~1.05米，板灰上发现较厚的朱砂，板灰痕迹内发现被扰动的人骨，墓主为40岁左右男性。随葬品以单件计达277件，其中陶器15件（深腹罐4件、折肩罐2件、彩绘高领壶2件、鼓腹小罐1件、折腹斝1件、灶1件、单耳小罐1件、盆形斝2件等，其中1件盆形斝内放置有被劈开的猪头），玉石器18件（玉石钺5件、双孔刀1件、小玉环1件、石厨刀2件、石锛6件、石磬1件、研磨盘1件、研磨棒1件），漆木器26件（朱绘木豆5件、彩绘木豆2件、大木豆2件、彩绘木盘1件、长柄木斗1件、彩绘木台仓形器4件、彩绘木匣1件、彩绘木俎1件、木腔鼍鼓2件、彩绘残木器2件、器型不明木器5件），骨器7件（均骨匕），玉骨装饰品6件（均扰乱至H3005，包括玉管件、锛形玉饰片件、穿孔绿松石饰片2件、骨饰片1件），麻布彩绘痕迹2处，石镞129件（部分石镞成束放置，一束最多22件，其中18件扰乱至H3005）、骨镞10件（6件扰乱至H3005）、鳄鱼骨板（均发现于鼍鼓内）35件、黑褐色小圆锥体（用于调音）29件。其中鼍鼓骨腔是几座大墓中保存最好的，木俎上放置有木匣、猪骨和3件成套的石厨刀。

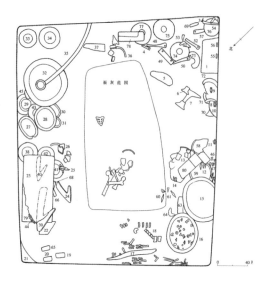

陶寺Ⅲ区 M3015 及出土随葬品

　　在陶寺早期小城之后，陶寺遗址进一步发展，进入全盛时期，包括陶寺遗址中晚期，属典型陶寺文化，此时遗址面积达 430 万平方米，包括面积约 280 万平方米的中期大城。

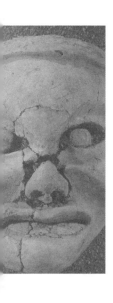

China and World in Liangzhu Era

良渚时代的中国与世界

第四章　西北半月形地带的形成

一 坛庙冢：红山文明

西辽河地区是西北半月形地带最早产生成规模和成谱系的考古学文化的区域，距今 9000 年以来分别经历了小河西时期、兴隆洼时期、赵宝沟时期、红山早期、红山中期、红山晚期至小河沿时期等发展阶段。

红山文化年代距今 6500—5000 年，以距今 6000 年和 5500 年为界线可分为早、中、晚三期，其年代分别相当于后冈一期文化、庙底沟文化和西王村文化[①]，与大汶口文化一样有着宽泛的内涵和很长的延续时间。其中红山晚期及小河沿时期大致相当于良渚时代。

红山文化主要分布在大凌河流域、老哈河流域和西拉木伦河流域，目前已发现遗址近 2000 处。

---

① 张星德：《红山文化分期初探》，《考古》，1991 年 8 期。

这一时期的遗址分布相当密集，西辽河上游支流西拉木伦河发现一处面积达 150 万平方米的那斯台遗址，在该遗址还发掘了大量玉器及少量石雕人像等重要遗物，应是西拉木伦河流域的一处中心聚落[①]，同时期的遗址面积较大的还有 75 万平方米的玻璃山遗址[②]和 35 万平方米的刘家店后岗遗址[③]（均位于西辽河上游，属哈民文化），其余遗址一般为数千至数万平方米，这些遗址至少可分三个聚落等级，说明当时聚落分化已经达到较高的水平。

学者在老哈河流域的敖汉旗和赤峰、通辽地区做过比较详细和全面的考古调查，其中敖汉旗（面积约 8300 平方千米）发现 502 处红山文化遗址，其中 55 处包含兴隆洼文化和红山文化，447 处为单纯的红山文化遗址[④]；仅教来河流域（面积 2600 余平方千米）就调查到红山文化遗址 127 处，不过面积均不大，均为数千至数万平方米，最

①   巴林右旗博物馆：《内蒙古巴林右旗那斯台遗址调查》，《考古》，1987 年 6 期。
②   内蒙古哲里木盟博物馆：《内蒙古科左中旗玻璃山新石器时代遗址调查》，《北方文物》，1998 年 4 期。
③   铁岭地区文物组：《康平县的三处新石器时代彩陶文化遗存》，《辽宁文物》，1980 年 1 期。
④   邵国田：《概述敖汉旗的红山文化遗址分布》，《中国北方古代文化国际学术研讨会论文集》，中国文史出版社，1995 年。

大者 15 万平方米 [1]。整个赤峰和通辽地区发现的红山文化遗址也多达 830 处，包括两处面积超过 100 万平方米的大型遗址 [2]。

牛河梁遗址群所在的大凌河流域"经历了红山文化孕育、形成、发展、兴盛、演变的全过程，是红山文化的核心分布区" [3]。牛河梁遗址群年代属红山中晚期，距今 6000—5000 年，其晚期阶段大致与良渚早期同时 [4]。遗址群位于辽宁省朝阳市的建平县和凌源市的交界处、努鲁儿虎山谷间的黄土山梁上，在东西约 1000 米、南北约 5000 米的山冈上有规律的分布着女神庙、祭坛、积石冢群，组成一个居住区意外规模宏大的史前祭祀遗址群，占地面积 50 平方千米，遗址群内涵单纯，在周边 100 平方千米范围内未见居住遗址，是红山晚期的仪式中心和丧葬中心。牛河梁遗址群于 1981 年发现，共发现 43 处遗址，其中有 27 处积石冢，1983 年开始正式发掘，已发掘了 4 处地点。

女神庙遗址位于第一地点，是牛河梁遗址群的中心和最重要的遗

① 刘国祥：《红山文化研究》，科学出版社，2016 年。
② 索秀芬、李少兵：《红山文化研究》，《考古学报》，2011 年 3 期。
③ 刘国祥：《红山文化研究》，科学出版社，2016 年。
④ 辽宁省文物考古研究所：《牛河梁——红山文化遗址发掘报告（1983—2003 年度）》，文物出版社，2012 年。刘国祥：《红山文化研究》，科学出版社，2016 年。

迹。分为北多室、南单室两个部分，总面积约 75 平方米。北多室南北长、东西短，多室相连，可以分出中室、北室、东室、西室和南室，总体南北长 18 米，东西最宽 9 米，最窄 2 米，经试掘可知，中室与东室、西室、北室都有通道相连。南单室位于北多室南部 2.65 米处，东西长 6 米，南北最宽 2.65 米。庙址地下部分有直立的墙壁，在北多室和附属的南单室外除了发现有炭化木柱围绕于穴口边缘以外，墙壁和仿木建筑构件多有捆束的禾草一类的印痕，墙面抹多层草拌泥，较为光滑。在北多室的南部穴口以上有拱起的部分。庙址内未发现石质建筑遗迹和遗物，可能为土木结构。庙址内的堆积中出土大量的人体塑像残件、动物塑像、仿木构建等，著名的女神面就发现于这里。

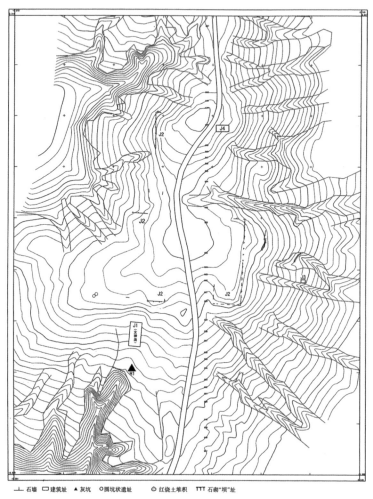

石塘　□ 建筑址　▲ 灰坑　○ 圆坑状遗址　◎ 红烧土堆积　ΓΤΤ 石砌"坝"址

第一地点遗迹分布图

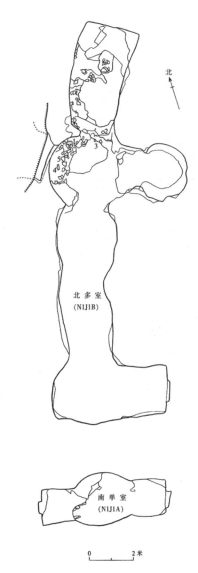

北

北 多 室
(N1J1B)

南 单 室
(N1J1A)

0　　　　　2米

1.泥塑人像 头部　2、4 泥塑人手　3.泥塑人像上臂　5.泥塑人像肩头

女神庙〔N1J1〕平面图

第一地点女神庙 N1J1 全景照及出土人面像

　　第二地点位于第一地点东南约 1 千米处，共发现 6 处积石冢、1
处祭坛，Z3 位于中心位置，其他各点围绕其分布，总体范围东西长
130 米、南北宽 45 米，共占地 5850 平方米。共发现墓葬 45 座，除

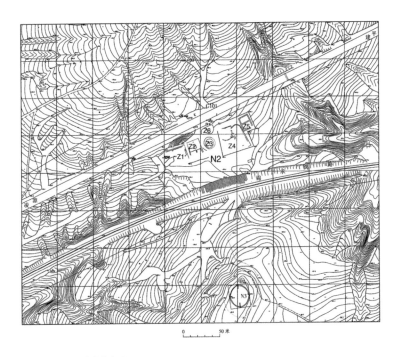

第二地点地形及遗迹分布图

4 号冢有属于下层的积石冢外，其余 35 座都属于上层。其中 1 号冢
发掘的墓葬最多，N2Z1 平面呈东西向长方形，方向正北。冢的西部
和南部残缺较甚，推测东西 34 米、南北 22 米，占地 750 平方米，
高约 1.5 米，共发现 25 座墓葬，2 座大墓位于中心位置，建好之后
起建石冢，其他的墓葬位于南面，是在石冢建好之后埋入的，规模较
小，值得注意的是这批墓葬又分为东西两个群，分别与北面的两座大

墓相对应。

　　第五地点从地层关系看，遗址经历过三个大的阶段。第一阶段为"下层遗存"，是早期阶段，遗迹以灰坑为主，在灰坑和地层中出土大量的石器、陶器，多日常生产生活用品，主要分布在遗址点的东部地区。中层遗存阶段，是第五地点的下层积石冢阶段，主要是积石冢和祭祀坑，包括 2 处积石冢，这时期的积石冢仅在表面平铺一层石块，块径约 10 厘米，厚度 10~15 厘米，起建排列墓葬，并同时留下了许多的祭祀坑。上层遗存阶段，也是积石冢和祭坛，是在原积石冢之上营造的、更大规模的积石冢，这时期积石冢开始用大石块垒砌冢体，体量也越来越大。

　　第十六地点位于遗址群的最西南角，堆积遗存与第五地点相似，也可以分为三个阶段，根据地层的叠压打破关系，发掘者将它们细分为前后发展的五个部分。第一部分为竖穴土坑墓遗存，包括 M2、M7、M8 以及第④层下堆积。第二部分为下层积石冢相关遗存，包括第④层、79 ③层、H97、79F1。第三部分为 M9、H98、H99 及其上部封土堆积。第四部分为 M1、M10、M11 及其上部积石堆积。第五部分为上层积石冢 Z1，包括 M4、79M1~79M3、M12、M13、M14、M15 以及第③层。积石冢 Z1 中心位置的 M4 是近年发掘的比较复杂

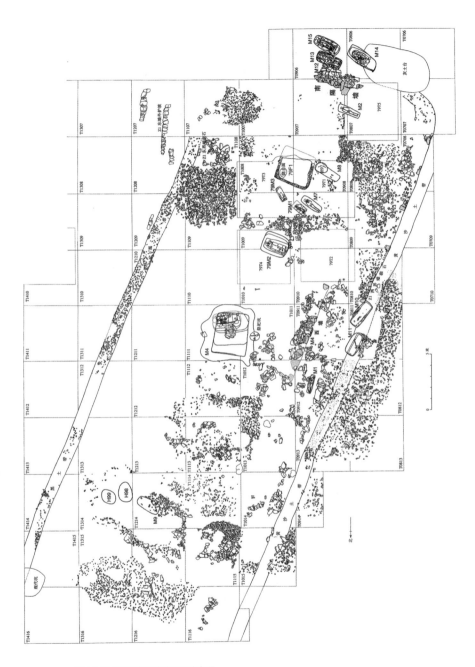

第十六地点红山文化遗迹平面分布图

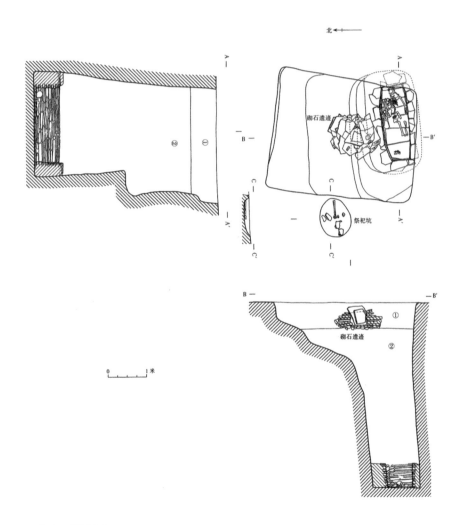

N16M4 平剖面图

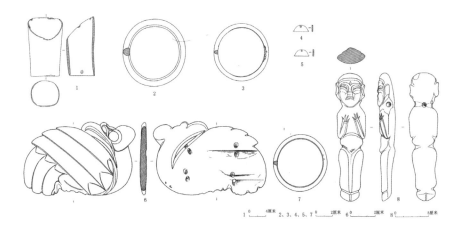

N16M4 出土器物

　　的高等级墓葬，它覆盖面积约 150 平方米，墓上堆积自上而下有封石、封土封沙、墓内填石等，墓口周边有大范围的烧土面，还有祭祀坑。墓室为竖穴石圹砌石墓，随葬 6 件玉器、2 件绿松石坠饰。玉器有凤、斜口筒形器、玉人、镯、环等，保存完好。墓主应是当时较高等级的贵族。

　　根据各遗址点的地层堆积和出土物情况，牛河梁遗址群的遗存可以大体分为三期，对应红山文化的中晚期，年代距今约 6000—5000 年。已发掘的 4 个地点和其他地点的积石冢都是大约同时形成并经历了相近的时代变迁。但是这些基本单元之间等级有别，第二地点规模最大，第五、十六地点其次，第三地点较小。每个地点的不同积石冢，以及每座积石冢内的墓葬也是有等级的差别。高等级的大墓位于中心位置，多随葬精美的玉器，小墓则多位于大墓南侧，随葬品少甚至没有随葬品。

据刘国祥统计，红山文化共出土玉器 300 余件，其中牛河梁发掘和采集 196 件（发掘品达 174 件）、那斯台采集 86 件，已形成以玉龙、玉鸟、玉龟、玉人、斜口筒形器、勾云形器、玉璧、联璧、玉钺等为核心的玉礼器系统，少数随葬玉礼器的大墓墓主应是掌握宗教祭祀权力的贵族阶层。以目前资料来看，红山文明没有发现超大型城址和王级墓葬等，以玉礼器为代表的礼制也还不成熟，总体仍处于阶层社会的发展阶段。

小河沿文化年代约距今 5200—4500 年，小河沿文化的形成和发展受到了雪山一期文化、庙子沟文化、大汶口文化等考古学文化的影响，早期与红山晚期有过共存，下接夏家店下层文化，社会发展程度要明显落后于红山晚期[1]。

---

[1] 张星德：《辽西地区新石器文化的阶段性与文化谱系》，《庆祝张忠培先生八十岁论文集》，科学出版社，2014 年。

二 甘青地区

相对而言，甘青地区尤其是甘青西部地区是文化兴起时间较晚的区域。仰韶晚期阶段，六盘山南麓和陇西平原分别分布有大地湾四期文化和马家窑文化，年代约距今 5500—4900 年。

大地湾四期文化（距今约 5500—4900 年）分布于六盘山南麓，是大地湾遗址[①]的主体堆积，面积达 110 万平方米，其中密集分布区域达 50 万平方米，共清理房址 56 座、柱基 1 处、灶坑 11 个、灰坑 159 个、窑址 16 座、沟渠 2 段、墓葬 15 座。聚落主体坐落于背山面河的山坡上，两侧为天然沟壑，山坡中部也即聚落的核心区（Ⅴ区和Ⅹ区）分布有三座大型房屋建筑（F901、F405、F400），一般性居址则围绕大型建筑分布，形成众星拱月的格局。三座大型房屋建筑面积均超过 100 平方米，尤以 F405 和 F901 面积巨大、保存较好。F405 现存面积 190 平方米，复原面积达 230 平方米；F901 现存面积 325 平方米，复原面积达 375 平方米，代表了这一时期房屋建筑的最高水

---

① 甘肃省文物考古研究所：《秦安大地湾》，文物出版社，2006 年。

平，推测为首领住宅或大型公共活动场所。

　　F405 呈长方形，室内面积约 150 平方米，正门位于北墙正中，门向东北，东西两侧也开有侧门，室内前部正中位置设有大型灶台，后部左右侧埋设顶梁大柱，墙壁设有附墙柱。居住面经夯实并火烤，异常坚硬。墙体为草泥墙。东西两侧室外还设有檐廊。

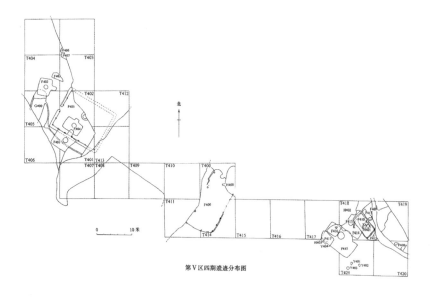

第Ⅴ区四期遗迹分布图

Ⅴ区大型房址 F405、F400 及同时期遗迹分布图

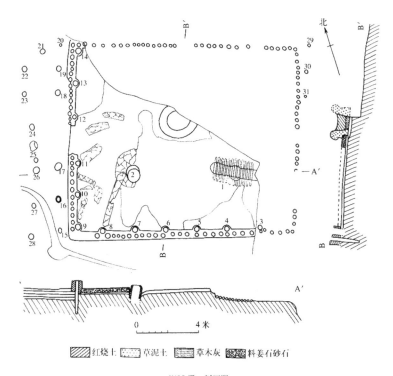

F405 平、剖面图

1～31：柱洞

F405 平剖面图及柱洞解剖图

　　F901 是一处基本保存完整的多间复合式建筑，以长方形主室为中心，两侧设置与主室相通的东西侧室，主室后面又设单独的后室，布局有序、主次分明，整座房址占地面积达 420 平方米，是大地湾遗址中结构最复杂、面积最大的。房址位于台地前缘，坐北朝南，背靠宽阔的河谷，面向平缓的山地，视野相当开阔。主室平面近长方形，东西长 16 米、南北宽 8 米。室内面积 126 平方米，居住面表层平整、坚硬，呈青黑色，做工相当考究，其物理、化学性能接近现代混凝土和水泥。墙体保存最高处 0.95 米，厚 0.4~0.45 米。室内设置 2 个顶梁大柱、16 个附墙柱、7 个室外柱、2 个角柱，其中顶梁柱由中心大柱洞和三个小柱洞组成，大柱洞直径达 0.5 米。室内中部偏前设置灶台一处，与正门相对并同处于房址的南北中轴线上。正门位于前墙（南墙）正中，并设置旁门 2 个、侧门 2 个，还发现疑似窗的迹象。主室前墙外路土面上发现成排的青石块、两排柱洞和一个小型灶台，应为室外附属建筑。F901 是我国史前时期面积最大的房址之一，也是工艺水平最高的房屋建筑，堪称原始殿堂，开创了后世宫殿建筑的先河。F901 居住面上还出土了陶质抄手等量器[1]，若此，F901 可能

① 赵建龙：《大地湾古量器及分配制度初探》，《考古与文物》，1992 年 6 期。许永杰：《"陶抄"的考古情境分析》，《新果集——庆祝林沄先生七十华诞论文集》，科学出版社，2009 年。

也是当时的经济中心和再分配中心，很容易让人联想到时代接近的作为经济中心的乌鲁克神庙。

　　大地湾四期文化的后继者是菜园文化，马家窑文化的后继者是半山文化和马厂文化，年代大致相当于良渚晚期。

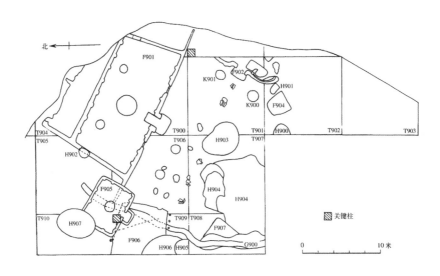

X 区大型房址 F901 及同时期遗迹分布图

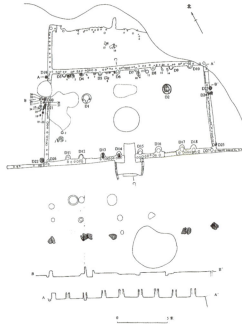

F901 平、剖面图

1. Ⅳ式鼎（F901：2）2.A 型Ⅱ式喇叭形器
（F901：3）3. 条形盘（F901：4）4. 敞
口罐（F901:14）5.B 型Ⅱ式器盖（F901：
14）6.C 型石刀（F901:5）7.A 型Ⅳ式
微敛口钵（F901：9）8.A 型Ⅲ式斜沿
瓮（F901：13）9. 簸箕形器（F901:10）
10. 簸箕形器（F901：16）11.C 型研磨
器F901:6）12.B 型Ⅳ式夹砂敛口罐F901:
15）13.A 型砥磨石（F901：12）14.A
型砥磨石（F901：11）15.E 型Ⅱ式缸
（T904 ⑤ A:14）16.D 型瓮（T904 ⑤ A:2）
17. 研磨盘（T905 ⑤ A:15）18.D 型瓮
（T905 ⑤ A:14）19~23.B 型 式 敛口
（T905 ⑤ A:9~13）24~28.B 型Ⅱ式敛
口钵（T905 ⑤ A:4~8）29.C 型Ⅱ式夹砂
侈口罐（T905 ⑤ A:1）30.B 型喇叭形器
（T905 ⑤ A:3）31.C 型Ⅱ式夹砂侈口罐
（T905 ⑤ A:2）D1~27. 柱洞

F901 平面

F901 出土的特殊遗物

结语　Conclusion

　　人类已有近 300 万年历史，其中绝大部分时期属于旧石器时代，到距今 1 万年前后开始进入新石器时代，农业出现，定居普及，陶器和磨制石器普遍使用，人类社会进入加速发展的快车道。在距今 5000 年前后，世界上开始出现第一批成熟文明和早期国家社会。这一段历史，由于文献的阙如和不足，需要通过考古发掘和阐述来充实。

　　考古和历史证明，世界各地的文化和文明都有各自不同的形成过程和自身独特的一面，探索不同地区的文化演变、社会进化和文明进程，揭示不同文明的特征和模式，是考古学家的重要任务。良渚文化在 21 世纪被不少学者认为已经是具有早期国家形态的文明，环观所处时代与地域纬度大致相同的古埃及、苏美尔等文明，它们与良渚文明有着许多共通之处，比如，它们都有着相似的成长历程和地理条件，同样有着发达的农业和手工业，都具有文明社会所拥有的众多元素：都城、王陵、神化王权等，同时也有着各自独特鲜明的个性。在距今 5000 年前后，文明之花在世界多个地区盛开，西亚文明圈和东亚文明圈交相辉映，在人类社会发展历史上留下了浓墨重彩的一笔。

长江下游太湖流域的良渚古文明，在良渚人的古城及水坝工程已被证实的今天，受到了越来越多中外学者的重视，这充分说明我们的工作已经取得了初步的成绩。但良渚是典型的城市文明，拥有独特的玉器文明、稻作文明，发达的水利文明、土筑文明，她与旧大陆的西方文明在物质表象上具有显著的差异，用国外的理论和经验，不能完全解决良渚的实际问题。现阶段的考古实践使我们了解了她的大致轮廓，我们仍需要脚踏实地，继续深耕 5000 年前的良渚世界，细化、深化良渚的相关研究，致力于良渚文明的科学化、国际化、公众化，最终形成属于良渚的文明理论体系。